MW01639817

HISTORIAS, CURIOSIDADES Y ALGUNAS LEYENDAS DEL ANTIGUO Y DEL MODERNO MADRID

STORIES, CURIOSITIES AND SOME LEGENDS OF THE OLD AND THE MODERN MADRID

Jose Mª Escudero Ramos

EDICIONES LA LIBRERÍA

© 2007, EDICIONES LA LIBRERÍA
C/ Mayor, 80
28013 - Madrid
Telf.: 91 541 71 70
Fax: 91 548 93 93
e-mail: info@edicioneslalibreria.com
http://www.edicioneslalibreria.com

Traducción: Jose Mª Escudero Ramos
Portada: Joaquín González Dorao
Maquetación: Peyo López Jiménez

I.S.B.N.: 978-84-96470-94-1
Depósito Legal: M-42650-2007
Impreso en España/*Printed in Spain*: Gráficas Palermo

Dedicado a mi mujer Nines y a mi hija María, principio y fin de mi vida,
no podía haber realizado este trabajo sin vuestro apoyo.
Gracias por hacer que mis ilusiones se conviertan en realidad.
Gracias, simplemente, por ser tal y como sois.

Gracias a mi padre que desde un rincón del cielo enfoca mis objetivos.
Gracias a mi madre y mecenas, Victoria Eugenia, con ese nombre de Reina
no podía ser de otra manera; a Antonio, el gran historiador anónimo.
Gracias a Paco y a Isa por estar ahí cuando os he necesitado.

Gracias también a Ana y a Thais por situar los puntos sobre las ies. Gracias por vuestra ayuda.
Gracias a María y a Cristina, Maestras, vuestra luz ilumina este libro.
Gracias a María Isabel Gea Ortigas por dedicar su tiempo a mi sueño,
que es el nuestro, y se llama Madrid.
Y, por supuesto, a Miguel Tébar por escucharme y confiar en mi proyecto.

Dedicated to my wife Nines and to my daughter María, principle and aim*
of my life, I could not have carried out this work without your support.
Thank you for make my illusions come true.
Thank you, simply, for being the way you are.

Thanks to my father that focuses my objectives from a corner of heaven.
Thanks to my mother and a patron of the arts, Victoria Eugenia, with this name of
Queen could not be otherwise; to Antonio, the great anonymous historian.
Thanks to Paco and Isa to be there when I had needed you.

Thank you also to Ana and Thais to locate the point on the i. Thank you for your help.
Thanks to María and to Cristina, Maestras, your light illuminates this book.
Thanks to María Isabel Gea Ortigas for dedicate your time to my dream
that is our dream, and we call it Madrid.
And, of course, to Miguel Tébar, for listen and trust on my project.

*principio y fin means beginning and end also.

Introducción

A los siete años mis padres me compraron mi primera pequeña cámara de fotos Kodak Instamatic. Mis dos hermanos y yo cargábamos siempre con nuestras humildes máquinas, en busca de la mejor imagen que inmortalizar. Los fines de semana o las vacaciones, todo quedaba reflejado en las copias en papel que veíamos y comentábamos con el ánimo de aprender un poco más.

Con 14 años pedí de regalo mi primera cámara réflex; con mi primer sueldo, conseguido con el tortuoso trabajo de los fines de semana, me compré mi primera cámara profesional con la que pasé un año entero fotografiando la selva de Quintana Roo, en el sureste de México.

Después de realizar varios cursos en los mejores centros de Madrid y Nueva York, de crecer y madurar trabajando con todo tipo de clientes, (fotografía editorial, inmobiliaria e industrial sobre todo), y de ganar premios como el prestigioso Imágenes Jóvenes en el año 1995, cuando aún me consideraban joven, me encuentro preparado para hacer este proyecto sobre Madrid con una cámara marca Hasselblad de medio formato completamente manual, que habitualmente se utiliza para trabajos de estudio, y poder darle mi personal enfoque de reportero.

Me decidí a hacer este libro en blanco y negro con mi vieja cámara, porque como fotógrafo profesional, notaba que la moderna fotografía digital no me llenaba. Con cada disparo de mis cámaras de última generación sentía cómo traicionaba la verdadera esencia de la fotografía. Cierto es que para algunos trabajos la rapidez premia sobre la calidad y se puede enviar una foto al otro lado del mundo un minuto después de haberla tomado, pero a pesar de esas ventajas echaba de menos el olor a químicos, la mágica espera para ver el resultado final, las hojas de contacto, la calidad que da el negativo de medio formato de 6 cm x 6 cm, la oscuridad del laboratorio...

Me planteé este libro como un trabajo de Alquimista. En la medida de lo posible trabajaría con el sistema tradicional. Las fotografías originales han sido ampliadas en papel Baritado Warntone dando la calidez y la textura que las historias se merecen.

La idea de hacer un libro sobre Madrid la tengo desde hace ya varios años, cuando, después de leer el primero de los muchos libros sobre leyendas de Madrid que han pasado por mis manos, se me despertó la curiosidad y las ganas de aprender todo lo que Madrid me quisiera enseñar. Hasta entonces era una ciudad, como toda gran capital, que me hacía sufrir con su vivir deprisa, sus atascos, sus aglomeraciones o su contaminación pero desde ese momento mi percepción de la misma cambió. La mirada crítica que había tenido se tornó amable y curiosa. Tenía mucho que aprender tanto de lo que sus calles esconden como de sus habitantes.

Madrid desde su fundación atesora muchas leyendas, curiosidades e historias que como ciudad viva y en constante crecimiento, nunca dejarán de aumentar. Agruparlas todas en un libro es imposible. Aquí hay una cuidada selección que espero sea de su agrado.

Como madrileño he hecho esta obra con muchísimo cariño y sólo espero que usted, amigo lector, se deje enamorar por una ciudad que a todos recibe con los brazos y el corazón abiertos.

Introduction

When I was seven years old my parents bought me my first small camera of pictures Kodak Instamatic. My two brothers and I always took with our modest cameras, ready to capture the best image to immortalize. The weekends or the vacations, everything was reflected in the copies in paper that we saw and we commented with the encourage of learning a little more.

At the age of fourteen I requested as a birthday gift my first camera reflex, with my first salary, gotten with the tortuous work of the weekends, I bought myself my first professional camera with which I spent a whole year passed photographing the rainforest of Quintana Roo, in southeast Mexico.

After carrying out several courses in the best centres in Madrid and New York, and to grow and to mature working with all type of clients, (editorial, real estate and industrial photography mainly), and of winning prizes like Imágenes Jovenes (Young Images) in the year 1995, I am prepared to make this project about Madrid with a half format´s camera´s Hasselblad totally manual that habitually it is used for works in Studio, and to be able to give it my personal focus of photojournalist.

I decided to make this book in white and black photography with my old camera, because I had noticed, as professional photographer, that the modern digital photography was not good enough for me. With each shot of my last generation´s cameras I felt like I betrayed the true essence of the photography. Certain it is that for some works the speed rewards about the quality and that one can send a picture to the other side of the world one minute after having taken it, but in spite of those advantages it missed the scent to chemical, the magic wait to see the final result, the contact sheet, the quality that gives the negative of half format of 6 cm x 6 cm, the darkness of the laboratory...

I thought about this book as Alchemist's work. I would work with the traditional system as much as I can. The original pictures have been enlarged in the best paper Warntone giving the warmth and the texture that the histories deserve.

I had the idea of making a book about Madrid several years ago, when, after reading the first of the many books about legends of Madrid that have passed by my hands, It woke up in me the curiosity and the desires of learning all that Madrid wanted to show me. Until then Madrid was a city, as all great capital, that made me suffer with its way of living quickly, its traffic- jams, its masses or its contamination but from that moment my perception of the same one changed. The critical look that I had had changed into kind and curious. I had a lot to learn either of what its streets hide as their inhabitants.

Madrid from its foundation stores many legends, curiosities and histories that, as a alive city and in constant growth, they will never stop to increase. To contain them all in a book is impossible. Here there is a selection that I hope you would enjoy.

As one from Madrid I have made this work with a lot of affection and I only wait that you, friend reader, allow to fall in love with a city that receives to everyone with the arms and the heart open.

La Leyenda del Príncipe Bianor / The Prince Bianor's Legend

El joven Bianor era nieto del Príncipe Bianor, sobreviviente de la famosa guerra de Troya, e hijo de Mantua, fundadora de la ciudad italiana de Manto.

Bianor tenía el don de interpretar los sueños. En ellos se le aparecía el dios Apolo y le guiaba por donde debía dirigir su vida. Por este don se le conoció como Ocno Bianor.

En uno de sus sueños interpretó que tenía que abandonar Manto con el fin de proteger de una epidemia mortal a sus ciudadanos, debiendo marchar a un lugar donde se pone el sol. Fue en busca de ese lugar.

Tras un viaje lleno de aventuras y aprendizajes tuvo otro sueño en el que pudo interpretar que debía fundar una nueva ciudad y dar su vida en sacrificio para que sus habitantes pudieran ser dichosos. Al despertar a la mañana siguiente pudo comprobar que el lugar soñado era aquel que le rodeaba, un paraje lleno de encinas, madroños, pinos, abundante agua y tierra fértil. También vio a unos pastores que se denominaban carpetanos, quienes, a su vez, esperaban la llegada de un guía traído por los dioses. Ocno Bianor les comunicó que debía morir por ellos, pero antes debía concluir el encargo de Apolo. Construyeron un palacio, un templo y una pequeña aldea, pero al terminar los carpetanos no se ponían de acuerdo sobre a quien dirigir sus ofrendas pues no veían en Apolo un dios al que adorar, por lo que el príncipe le pidió ayuda y a través del último sueño le comunicó que debían consagrar la ciudad a la diosa Metragirta, conocida como Cibeles.

Así lo hicieron y al terminar enterraron vivo a Ocno Bianor poniendo sobre la tumba una pesada losa. Los carpetanos permanecieron a su alrededor durante todo un ciclo lunar, hasta la última noche en la que cayó la mayor tormenta inimaginable, entre rayos y truenos apareció una nube con forma de carro. Los Carpetanos gritaban ¡Metragirta! mientras corrían a sus casas para refugiarse de la lluvia. Al día siguiente la tormenta pasó y todos fueron a ver el sepulcro de Ocno Bianor, pero en lugar de la losa encontraron un hermoso jardín de flores. La ciudad de Metragirta se denomino con el tiempo Magerit y hoy la conocemos como Madrid.

The young Bianor was grandson of the Prince Bianor, survivor of the famous war of Troy, and son of Mantua, founder of the Italian city of Manto.

Bianor had the gift of interpreting the dreams in which the god Apollo appeared and guided him for where it should direct his life. For this gift he was known as Ocno Bianor.

In one of their dreams he interpreted that he should left Manto with the purpose of protecting their citizens from a mortal epidemic, he should go to a place where the sun set down. He went off searching that place.

After a trip full with adventures and learnings he had another dream in which could interpret that he should found a new city and give his life in sacrifice so that their habitants could be blissful. To the awakening the next morning he could check that the place he dreamed with was the one It surrounded him, a place full with Oaks, arbutuses, pines, abundant water and fertile earth. He also saw some shepherds that were denominated carpetanos who, at the same time, had been waiting the arrival of a guide brought by the gods. Ocno Bianor communicated them that he should die for them, but before it he should conclude Apollo's errand. They built a palace, a temple and a small village, but when they finishing the carpetanos didn't come to an agreement about who direct their offerings to because they didn't see in Apollo a god to adore, for what the prince requested him help again and through the last dream, Apollo communicate to Ocno Bianor that they should consecrate the city to the goddess Metragirta, well-known as Cibeles.

They made this and when they finished they buried Ocno Bianor alive putting on the tomb a heavy flagstone. The carpetanos remained to their surroundings during an entire lunar cycle, until the last night when the biggest unimaginable storm came, between rays and thunders a cloud appeared with form of a horses car. The Carpetanos screamed Metragirta! Meanwhile they ran to their houses to take refuge of the rain. The following day the storm had happened and everybody went to see the sepulchre of Ocno Bianor, but instead of the flagstone they found a beautiful garden of flowers. With the pass of the time that city of Metragirta was denominated Magerit and today we know it as Madrid.

Capas Seseña / Layers Seseña

La tienda y fabricantes de capas, Capas Seseña, se distingue por ser una tienda centenaria, se fundó en 1901. Sus capas son únicas debido al estilo del corte que tienen.

Son clientes suyos la familia Real española, y han abrigado a personajes tan celebres como Picasso, Buñuel, Rodolfo Valentino, Hemingway, Gary Cooper o Hillary Clinton.

The store and layers´ manufacturer, Capas Seseña, is distinguished for being a centennial store, It was founded in 1901. Their Cloaks are unique thanks to the design, the cut and the special stile.

The Spanish Royal family are their clients, and also their layers had wrapped up characters as famous as Picasso, Buñuel, Rodolfo Valentino, Hemingway, Gary Cooper or Hillary Clinton.

23
SESEÑA
CAPAS
Seseña
FUNDADA
1901
CASA SESEÑA
FUNDADA EN 1901
CAPAS
Seseña
23
CAPAS
SESEÑA

La Calle del Toro

Esta calle recibe este nombre porque en una casa de la misma vivía una familia que tenía colgada en una de sus paredes una cabeza de toro. Era un toro lidiado en una de aquellas famosas fiestas reales.

La leyenda dice que la cabeza del animal emitía un bramido justo a la hora en la que fue muerto, lo cual hizo que mucha gente se acercara hasta la vivienda para confirmar tal extraño suceso. Con el tiempo se comentaba que el ruido lo hacía, como travesura, el hijo pequeño de la familia tocando uno de los muchos cuernos que había en la vivienda.

The street gets this name because a family who lived in this street had hung in one of the walls of their house a bull head. It was a brave bull that fought in one of those famous royal parties.

The legend says that the head of the animal emitted a fair bellow at the same time in which it was died. A lot of people came closer to the house to confirm such a stranger event.

With the time it was commented that the noise was made, as mischief, by the small son of the family playing one of the many horns that there were in the house.

MANZANA
Nº 133
DUPLICADO
CALLE
DEL
TORO

Las Huellas del Viejo Tranvía / The Marks of the Old Streetcar

Los primeros tranvías en Madrid empezaron a funcionar en 1871 y eran de tracción animal, después fueron de vapor para pasar a ser eléctricos en 1898, con la creación de la línea Puerta del Sol-Barrio de Salamanca.

En 1920 se constituyó la Sociedad Madrileña de Tranvías. En los años 30 circulaban por Madrid los famosos modelos Siemens y Schuckert conocidos por el pueblo como "canarios" y "cangrejos" debido a sus colores amarillo y rojo.

Aún podemos ver en algunas zonas de Madrid los raíles abandonados, huella de lo que fueron los transportes públicos en la ciudad.

The first streetcar in Madrid started working in 1871 and they were moved by animal traction, later on they were of vapour ones, to became electric ones in 1898, with the creation of the line Puerta del Sol-Barrio de Salamanca.

In 1920 the Madrid Trams Society was constituted. In the 30´s the famous models Siemens and Schuckert circulated all over Madrid known by the public like "canarios" (canaries) and "cangrejos" (crabs) due to their yellow and red colours.

We can still see in some areas of Madrid the abandoned rails, marks of what the public transportations in the city used to be.

Trashumancia / Transhumance

La trashumancia es un movimiento migratorio realizado por ganado en busca de pastos frescos, en invierno van al sur, en verano al norte.

En España existe desde el siglo XII. Se han desarrollado miles de kilómetros de Cañadas Reales, es decir, de vías de uso prioritario del ganado. Pero cada año que pasa, debido a las modernas infraestructuras, es más complicado utilizarlas.

En Madrid, una vez al año, se les deja pasar por el centro de la ciudad desde la Casa de Campo hasta la Puerta de Alcalá, para que reivindiquen lo que es su camino histórico en busca del fresco pasto.

The transhumance is a migratory movement carried out by livestock in search of fresh grasses, in winter they go to the south, in summer to the north.

In Spain it exists from the 12th century. Thousands of kilometres of Royal Narrow canyons, that is to say, roads of livestock´s high-priority use, have been developed. But every year that passed, due to the modern infrastructures, it is more complicated to use by them.

In Madrid, once a year, they are allowed to go, crossing the city, from Casa de Campo to the Puerta of Alcalá, so that they claim what is their historical road searching the fresh grass.

La Asamblea de Madrid / The Madrid Assembly

La Asamblea de Madrid se estableció a raíz de la decisión constitucional de crear un nuevo mapa de autonomías en España. Madrid, la Comunidad, necesitaba entonces de una sede. Desde 1983 hasta 1998 estuvo situada en el caserón de San Bernardo, en el número 49 de dicha calle. A partir de 1998 se traslada al madrileño barrio de Vallecas para dar un nuevo enfoque al sur de Madrid y reestructurar el mapa de la ciudad.

En el interior del moderno edificio y dentro de un cubo de cristal que simboliza la transparencia del trabajo del Legislativo, está el hemiciclo semicircular de estilo francés. Al fondo, detrás de la mesa de presidencia, hay un gran mural de Lucio Muñoz llamado "La Ciudad Inacabada".

The Madrid Assembly was settled down after the constitutional decision of creating a new map of autonomies in Spain. Madrid, the Community, needed then a headquarters. From 1983 up to 1998 was in the caserón de San Bernardo, in the number 49 of this street. From 1998 it moves to the Madridleño neighbourhood of Vallecas to give a new focus to the south of Madrid and to restructure the map of the city.

Inside the modern building, the semicircular hemicycle of French style is inside a glass cube that symbolizes the transparency of the Legislative's work. To the bottom Lucio Muñoz´s great mural, called "The Unfinished City".

TIEMPO
PRESENTES
ABSTENCION
SI
NO

La Antigua Redacción de ABC / The Old ABC Newspaper Headquarter's Building

El edificio que ahora alberga el centro comercial ABC Serrano fue la sede de Prensa Española, (diario ABC y suplemento Blanco y Negro) hasta 1989, fecha en la que se trasladaron a un edificio más grande en las afueras de la ciudad.

El edificio está construido en tres partes, la primera, la que da a Serrano, es de 1896; la segunda, la que da al Paseo de la Castellana es de 1926, y la tercera, de 1932, es la zona intermedia, que discurre paralela a Pº de la Castellana.

The building that now is the Mall called ABC Serrano was the Prensa Española´s headquarters, (the newspaper ABC and of the supplement Blanco y Negro) until 1989, when they move to another bigger building outer the city.

The building was built in three parts, the first one, the one that faces to Serrano, is from 1896; the second, the one that faces to the Paseo de la Castellana is from 1926, and the third, from 1932, are the intermediate area that it goes parallel to Pº de la Castellana.

A B C
BLANCO Y NEGRO

La cuesta de los Ciegos / The Blind Men Hill

Cuenta la leyenda que estando San Francisco de Asís de ruta por España, en su camino entre Granada y Santiago pasó por Madrid unos días.

Paseando por los alrededores de donde está hoy situada la Iglesia de San Francisco El Grande se encontró con un ciego que le pidió una limosna. San Francisco, mojó sus dedos en el aceite de la lámpara que usaba para alumbrar el camino al caer la noche y el ciego recuperó la vista.

Días después, haciendo el mismo recorrido, de vuelta a sus aposentos, unos moritos que habían oído del milagro de San Francisco, le quisieron hacer burla y se hicieron pasar por ciegos. El santo actuó de la misma manera que la vez anterior, mojó sus dedos en aceite y les untó el liquido por sus ojos, quedando todos ellos ciegos al instante. Los moritos corrieron asustados golpeándose con todo lo que encontraban a su paso. Al poco tiempo, arrepentidos de su broma al santo de Asís, se convirtieron al catolicismo y recobraron la vista. Desde entonces al lugar donde acontecieron estos hechos se le conoce como La cuesta de los Ciegos.

According to the legend being San Francisco of Asis crossing Spain, in his road from Granada to Santiago he spent some days in Madrid.

Going for a walk for the surroundings of where today it is located the Church of San Francisco El Grande (the Big One), San Francisco met with a blind man that requested him charity. He wet his fingers in the oil of the lamp that used to light the route when the dark of the night had fallen, and the blind man recovered the sense of see.

Days later, making the same way back home, some Moors that had heard of San Francisco's miracle, wanted to deceive him and they acted as they were blind. The saint did the same that the previous time, he wet his fingers in oil and anointed their eyes with the liquid, becoming all of them blind at once. The Moors ran away afraid being hit with all that they found to their step. At the little time, sorry of their joke to the saint from Asis They became to the Catholicism and they recovered the view. From then on to the place where these facts happened is known as The hill of the Blind men.

La Muralla Árabe / The Arab Wall

La muralla árabe data del siglo IX, cuando Madrid era una ciudad amurallada. Debido al paso de los siglos y al escaso interés de las diferentes culturas que han pasado por aquí en recordar el pasado y respetar los restos históricos, se han perdido gran cantidad de vestigios que nos hubieran enseñado como se vivía en cada época en Madrid.

Lamentos aparte, en la actualidad se puede apreciar restos de la muralla que rodeaba la ciudad cuando el Emir Mohamed I gobernaba en nuestras tierras. Se puede disfrutar de las vistas cruzando una pasarela de hierro que rodea lo que queda de muralla en la Cuesta de la Vega.

The Arab wall dates of the 9th century, when Madrid was a walled city. Due to the pass of the centuries and to the scarce interest of the different cultures that they had passed here in to remember the past and to respect the historical remains, we have gotten lost great quantity of vestiges that they should showed us the way one lived in each period of time of the history in Madrid.

Laments apart, one can appreciate remains of the wall that surrounded the city at the time when the Emir Mohamed I governed in our lands. One can enjoy the views crossing an iron gangplank that surrounds the rests of the wall in the Cuesta de la Vega.

El Blasón Medieval de Madrid / The Medieval Heraldry of Madrid

En los comienzos del Siglo xv, Ruy González de Clavijo fue enviado como embajador de Enrique III de Castilla a Tamerlán, un país exótico de la ruta de la Seda.

Cuando le preguntaron si no estaba maravillado por la belleza del lugar respondió: "Vengo de una ciudad edificada sobre agua y cuyos muros son de fuego. Además la gente entra y sale por puertas que están cerradas", haciendo referencia clara al blasón medieval que lucia el escudo de Madrid y que se remonta al origen de la ciudad.

Cuando los árabes atacaron Magerit, al chocar la munición contra la muralla, ésta soltaba chispas, porque el muro estaba hecho con piedra de pedernal. Madrid está edificada sobre corrientes subterráneas que han abastecido de agua a la ciudad durante siglos. La puerta cerrada se debe a que antiguamente Madrid estaba rodeada de un muro y la gente accedía a la villa por diferentes puertas, las de Puerta de Moros, Puerta de Guadalajara... Puerta Cerrada era una que estaba situada en la plaza a la que hoy da nombre, se cerró porque en sus recovecos se escondían ladrones que aprovechaban para robar a los que por ella pasaban.

In the beginnings of the 15th Century, Ruy González de Clavijo was send as ambassador of Enrique III of Castile to Tamerlán, an exotic country of the route of the Silk.

Once there He was asked if he was not amazed by the beauty of the place he answered: "I come from a city built over water and its walls are of fire, people also go in and out of the city through doors that are closed", making reference to the medieval heraldry that is in the shield of Madrid and that it goes back to the origin of the city.

When the Arabs attacked Magerit, when the ammunition collided against the wall, sparks were loosed because the wall was made with flint stone. Madrid is built on underground rivers that it used to supply of water the city during centuries. The closed door makes reference when Madrid was surrounded by a wall and people came in to the village through different doors, the Puerta de Moros (Door of Moorish), Puerta de Gualdalajara (Door of Guadalajara)... Puerta Cerrada (Closed Door) was one that was located in the square which gives name today, It was closed because in its turns thieves hid themselves to stole to those that went through it.

Fui sobre agua edificada
mis muros de fuego son.

Sicarios a Sueldo / Assassins to Salary

En la trastienda de lo que era Casa Santos, una taberna que estaba situada en los soportales de una de las calles que va de la calle Mayor a la Plaza Mayor, se reunían unos sicarios a sueldo. Allí contrataron a los asesinos del Presidente del Gobierno, general Prim en 1870, o a los que intentaron matar a Amadeo de Saboya.

A principios del siglo XX se conoció el lugar por algo más positivo, pues en él se hacían tertulias literarias y musicales, a las que solía asistir, entre otras figuras, la famosa cantante Celia Gámez.

In the back-room of what Casa Santos (House Santos) was, a tavern that was located in one of the streets that goes from calle Mayor to the Plaza Mayor, It used by some assassins to salary to met. People were there to hire the murderers of the government's President, General Prim in 1870, or to those that tried to kill Amadeo of Saboya.

At the beginning of the 20th century the place was known by something more positive, because in there a literary and musical gatherings were made, to those that used to attend, among other figures, the famous singer Celia Gámez.

5 BAR VALLE DEL TIETAR RESTAURANTE

El Atentado a Alfonso XIII / The Terrorist Attack to Alfonso XIII

El día en que se casaron Alfonso XIII y Victoria Eugenia en su camino de regreso al Palacio Real, sufrieron un atentado del que salieron ilesos, pero hubo varios muertos y muchos heridos.

La bomba la arrojó un anarquista desde el 4° piso del edificio que hoy alberga el restaurante Casa Ciriaco, a la altura de la calle Mayor, 84

Frente al edificio hay una escultura que recuerda ese día y a las victimas de tan cobarde acto.

The day that Alfonso XIII and Victoria Eugenia had got married in their way back to the Palacio Real, they suffered a terrorist attack of which they came out unhurt, but there were several dead people and many wounded ones.

The bomb was threw by an anarchist from the 4° floor of the build that today the restaurant Casa Ciriaco is located, around the number 84 of calle Mayor.

In front of the building there is a sculpture that remind us that day and all of them who were killed in that cowardly act.

COMIDAS CASA
CENAS
VINOS
CIRIACO

La Iglesia de San Sebastián / The San Sebastian's Church

En la iglesia de San Sebastián se respira historia. En algún lugar, sin saber exactamente su ubicación, se encuentran los restos de Lope de Vega. Se perdieron cuando se quitó el cementerio situado al lado de la iglesia, en la Calle de Huertas.

En esta Parroquia han sido bautizados personajes tales como Ramón de la Cruz, Leandro Fernández de Moratín, Jacinto Benavente, y han celebrado sus nupcias José Zorrilla, Gustavo Adolfo Bécquer o Ramón Menéndez Pidal.

In San Sebastian's church one can breathed history. In some place, without knowing their location exactly, Lope de Vega body rest in peace. It got lost when the cemetery located beside the Church, in the calle de Huertas, was taken off.

In this Parish had been baptized such characters as Ramón of the Cruz, Leandro Fernández of Moratín, Jacinto Benavente, and also José Zorrilla, Gustavo Adolfo Bécquer or Ramón Menéndez Pidal had celebrated their wedlock.

IHS
AQUI FUE SEPULTADO
LOPE DE VEGA
GRAN POETA Y PADRE DEL TEATRO HISPANO
EL XXVII DE AGOSTO DE MDCXXXV
LA REAL ACADEMIA ESPAÑOLA
DEDICA ESTE RECUERDO
EN MARZO DE MCMLXIX

La Casa de Cervantes / Cervantes' House

Cervantes viajó mucho durante su vida, el tiempo que pasó en Madrid, al no tener casa en propiedad, se trasladaba de una vivienda a otra sin ningún problema. Sin embargo, Lope de Vega solía decir que era mejor una casa pequeña en propiedad que una grande en alquiler.

Esta placa recuerda que Cervantes vivió sus últimos años en una vivienda que ocupaba el solar donde se construyó el edificio actual, pues la casa original donde habitó Cervantes fue derribada en el siglo XIX.

Cervantes travelled a lot during his life, the time that he stayed in Madrid, because he had not a house in property, he moved from a house to another without any problem. However, Lope de Vega used to say that it was better a small house in property that a big one in rent.

This badge remembers that Cervantes lived its last years in a housing that occupied the lot where the current building was built, because the original house where Cervantes lived it was demolished in the 19th century.

AQUI VIVIO Y MURIO
MIGUEL DE CERVANTES SAAVEDRA
CUYO INGENIO ADMIRA EL MUNDO
FALLECIO EN MDCXVI.
VISITAÇ.
CASA
Nº. 21
VISITAÇ.
CASA
Nº. 20

Símbolos en Algunas Casas Antiguas / Symbols in Some Old Houses

Muchas casas de la zona antigua tienen sobre su puerta símbolos católicos y una fecha. Esto se debe originariamente a que cuando los Reyes Católicos expulsaron de España a los judíos, muchos de ellos, conversos, se veían obligados a demostrar su catolicismo grabando estos signos en sus puertas. Con la llegada de la Santa Inquisición muchos ciudadanos tuvieron que hacer lo mismo para escenificar su fe y no ser quemados en las hogueras inquisitoriales.

Many houses of the old area have on the top of their front door Catholic symbols and a date. This is because when the Reyes Catholics expelled to the Jews out of Spain, many of them, converts, they were forced to demonstrate their Catholicism chiselling these signs in their doors. With the arrival of the Santa Inquisition many citizens had to make the same thing to show their faith and not to be burned in the inquisitorial blazes.

VISITA G
CASA
Nº 4
7
IHS
AÑO D
1724

La Casa del Pez / The House of the Fish

En el Siglo XVIII, D. Juan Coronel compró un terreno donde había un estanque con abundante agua y muchos peces de colores. La hija del Sr. Coronel, Blanca, disfrutaba viendo nadar a los pececillos.

La familia mandó construir una casa, los albañiles se surtían del agua del estanque, ensuciándola. Así fue como fueron muriendo los peces.

Cuando quedaba sólo uno, Blanca lo intentó salvar, cuidándolo en un recipiente cristalino que hacia de pecera, pero por mucho amor que puso, el pececillo acabó muriendo, quedando la niña muy triste.

Con el tiempo, Blanca creció y se hizo monja. El padre ya viudo quedó desconsolado, pero para recordar a su hija mandó grabar un pez en la puerta del edificio.

Las varias remodelaciones que han realizado en el edificio respetaron el pez de piedra que se puede ver en su fachada.

In the 18th Century, D. Juan Coronel bought a land where there was a pond with abundant water and many fish of colours. The Mr. Coronel's daughter, Blanca, enjoyed seeing the fishes swim.

The family ordered to build a house, the bricklayers were provided of the water from the pond, dirtying it. It was this way like they were killing the fishes.

When it was only one fish alive, Blanca tried to save it, taking care of it in a crystalline recipient similar to a fishbowl, but for a lot of love that she put, the fish finished dying, being the girl very sad.

With the pass of the time, Blanca grew up and she became nun. The father, widower, was already desolate, but to remember his daughter he ordered to chisel a fish in a brick and put it in the front door of the building.

The several remodelling that different owners have carried out in the building respected the stone with the fish that one can see in its facade.

El Ángel Caído / The Angel Fallen

La estatua que hay en el Retiro del Ángel Caído es una de las pocas en el mundo dedicadas a este personaje. Tras las quejas de muchos vecinos de la Villa por poner una estatua al diablo, se cuenta que no es una imagen del ángel caído, si no del hecho del ángel cayendo, al ser expulsado del Paraíso. Que no es lo mismo.

The statue that there is in the Parque del Retiro of the Angel Fallen is one of the few ones in the world dedicated to this character. After the complaints of many neighbours of the Villa to put a statue dedicated to the devil, it is counted that it is not the Fallen Ángel's image, if not the fact of the angel falling, being expelled of the Paradise. That it is not the same thing.

El Muro en el Parque de Berlín / The Wall in the Parque de Berlín

El Parque de Berlín es un parque de casi 5 hectáreas situado en el distrito de Chamartín. Cuando se derribó el Muro de Berlín se trajo un fragmento del mismo para ponerlo en éste parque, como recuerdo de lo que nunca debería volver a pasar.

The Parque de Berlin is a park of almost 5 hectares located in the district of Chamartín. When the Wall of Berlin fell down a fragment of the same one it was brought to put it in this park, like memory of what it should never happen again.

La Imprenta del Primer Quijote / The El Quijote's First Edition's Printing

En la calle Atocha se encuentra el lugar donde estuvo la imprenta donde se hizo la primera edición de El Quijote. Cuenta la anécdota que, como tuvo tanto éxito, en una imprenta de Portugal copiaron el libro para sacarlo a la venta, de una manera ilegal, más barato. De ésta forma obligaron a Juan de la Cuesta, dueño de los derechos de la primera edición, a reeditar el libro en un formato más popular.

In the Calle Atocha it is the place where the printing of the El Quijote´s very first edition was printed had been. The anecdote is counted that, because It was so successful, in a printing of Portugal they copied the book to take out it for sale, in an illegal and cheaper way, they forced to Juan de la Cuesta, owner of the rights of the first edition, to reissue the book in a more popular format.

PRINCIPE DE LA PRIMERA PARTE DE EL INGENIOSO HIDALGO DON QUIJOTE
DE LA MANCHA COMPUESTA POR MIGUEL DE CERVANTES SAAVEDRA
CONMEMORACION

Parque de Enrique Tierno Galván

Es un precioso parque de casi 45 hectáreas lleno de diversos árboles. Se construyó en 1986 en homenaje al insigne Alcalde de Madrid Don Enrique Tierno Galván. Dispone de un magnífico paseo y unas vistas envidiables del sureste de Madrid.

It is a beautiful park of almost 45 hectares full with diverse trees. It was made in 1986 in homage to the Famous Mayor of Madrid Don Enrique Tierno Galvan. It has a magnificent walk and some enviable views of the southeast of Madrid.

La Casita del Pescador

La Casita del Pescador es uno de los pocos ejemplos que quedan de las construcciones que tenía el Real Sitio del Buen Retiro cuando era de uso exclusivo de la realeza.

Durante la invasión francesa el Parque del Retiro sirvió como zona de acampada de las tropas de Napoleón y sufrió talas de árboles y bombardeos que dejaron el parque en un estado lamentable.

Fernando VII mandó construir esta casita como gabinete de descanso, para intentar recuperar la belleza y esplendor que el parque había tenido.

The Casita del Pescador (Fisherman's House) is one of the few examples that are of the constructions that the Real Sitio del Buen Retiro (Real Place of the Good Retiro) had when it was for exclusive use of the royalty.

During the French Invasion the Parque del Retiro served as area where Napoleon's troops camped and it suffered pruning of trees and bombings that they left the park in a lamentable state.

Fernando VII ordered to build this house like cabinet of rest, to try to recover the beauty and splendour that the park used to have.

Imax

Imax Madrid es el primer cine que tiene en una sala tres sistemas de proyección diferentes, Imax, Omnimax e Imax 3D.

El sistema IMAX es un formato de fotograma más grande, en vez de 35 mm tiene un tamaño de 50 x 70 mm.

Está en el bello Parque Tierno Galván, junto al planetario.

Imax Madrid is the first cinema that has in a room three systems of different projections, Imax, Omnimax and Imax 3D.

The system IMAX is a big format frame, instead of 35 mm It has a size of 50 x 70 mm.

It is placed in the beautiful Tierno Galván Park, next to the planetarium.

IMAX

La Plaza del 2 de Mayo

La Plaza del 2 de mayo es otro de los rincones donde se rinde homenaje a los héroes Daoíz y Velarde. Aquí fue uno de los lugares donde los madrileños lucharon contra el ejército invasor de Napoleón.

Sus casacas manchadas de sangre se pueden ver en el Museo del Ejército en Toledo.

The Plaza del 2 de mayo (2nd of May´s square) is another of the corners where a homage to the heroes Daoíz and Velarde exist. Here it was one of the places where the Madrileños fought against the invader army of Napoleon.

Their spotted of blood coats could be seen in the Museum of the Army in Toledo.

A LOS HEROES POPULARES QUE
EL 2 DE MAYO DE 1808.
AUXILIANDO A LOS SOLDADOS DE LOS INMORTALES
DAOIZ Y VELARDE, PELEARON AQUI POR
LA INDEPENDENCIA DE LA PATRIA
CONTRA LAS FUERZAS DE NAPOLEON.
EL CIRCULO DE BELLAS ARTES = 1908.

La Plaza Mayor y el 2 de Mayo / Plaza Mayor and the 2nd of May

En uno de los accesos a la Plaza Mayor desde la Calle Mayor, si subimos la cabeza hacia los arcos, podemos ver, flanqueado por dos ángeles, uno de los homenajes que el pueblo brinda a los Héroes del 2 de mayo, que tanto hicieron por Madrid y por España.

In one of the accesses to the Plaza Mayor from the Calle Mayor, if we go up the head toward the arches, we can see, flanked by two angels, one of the tributes that the town offers to the Heroes of the 2 of May whose so much did for Madrid and for Spain.

DEL 7 DE JULIO
DE 1822
CALLE DEL
7 DE JULIO

La Monumental de Las Ventas / The Monumental of Las Ventas

En Madrid se han celebrado corridas de toros en la Plaza Mayor y en una plaza, más pequeña que la actual, que estaba situada en la confluencia de las calles Alcalá con Goya, cerca del Palacio de los Deportes.

La Plaza de las Ventas se construyó en 1931 como respuesta a la sugerencia de D. José Gómez, **Joselito**, de hacer una Monumental Plaza de Toros que abaratara el precio de las entradas y que diera acceso a la gran cantidad de público que demandaba acudir a unas fiestas cada vez más populares. Así fue como el arquitecto y amigo de **Joselito**, José Espeliú, construyó ésta gran plaza de estilo neomudéjar, que hoy es la más grande de España y la segunda del mundo, detrás de la de México D.F.

Las Ventas puede acoger a 25.000 espectadores.

El ruedo mide 60 metros de diámetro y durante la Guerra Civil, los únicos años que no ha habido festejos taurinos, se aprovechó su albero como una espléndida huerta que dio de comer a no pocos madrileños durante la contienda.

In Madrid there were a couple of places that there were used as a bullfight rings, one It was the Plaza Mayor and the other one was a bullfight ring, smaller than the current one, that was located in the fork of the streets Alcalá with Goya, close to the current Palacio de los Deportes.

The Plaza de Las Ventas was built in 1931 as an answer to the suggestion of D. José Gómez, **Joselito**, of making a Monumental bullfight ring that could reduce the price of the tickets and it could gave access to the great quantity of public that demanded to go to this every time more popular parties. It was this way as the architect and friend of **Joselito**, José Espeliú, built this great Plaza of new mudejar´s style. Today It is the biggest in Spain and the second of the world, behind the bullfight ring of Mexico City.

Las Ventas can welcome 25.000 spectators.

The ring measures 60 meters diameter and during the Civil War, the only years that it had not bullfights, it was used like a splendid vegetable garden that feed a lot of people from Madrid during the war.

La Virgen del Silencio / Our Lady of the Silence

En los comienzos de 1600 vivían en la calle León esquina con Santa María, Doña María del Haro y Carlos Beluti, un matrimonio muy beato, quienes hicieron un nicho para colocar en la esquina del edificio una pintura de la Virgen. En el cuadro se representaba una imagen de la Familia, San José, la Virgen, el Niño y a San Juan pidiendo silencio con el dedo en la boca, lo que hizo que se conociese como la Virgen del Silencio.

Pasó el tiempo, el matrimonio murió y el cuadro fue atacado y destruido en dos ocasiones, pero el hijo Pedro Beluti, encargó sendas reproducciones del mismo, reponiéndolas en el lugar original, en la esquina de la casa.

El pueblo de Madrid sentía una fe especial por el cuadro, mucha gente venía a verlo y a rezar a la Virgen. Se empezaron a oír de algunos milagros como el de la pobre minusválida que rezando se quedó dormida y cuando despertó podía andar; o la madre que no tenía leche para dar el pecho a su hijo y tras rezar estaba rebosante.

Tal llegó a ser la fama de la Virgen que en 1624, tras solicitarlo vía carta firmada por vecinos tan ilustres como Lope de Vega, la trasladaron a la iglesia de San Sebastián donde se encuentra ahora.

Desde 1631 es la patrona de los actores que, a través de la Congregación Virgen de la Novena, se dedicó a cuidar de los actores sin mucho poder adquisitivo así como a darles sepultura.

In the beginnings of 1600 in the street León corner with Santa María, Mrs. María of the Haro and Carlos Beluti lived, They were a very devout marriage who made a niche to place in the corner of the building the painting of a Virgin. In the painting an image of the Family, San José, the Virgin was represented, Jesus and San Juan requesting silence with the finger in the mouth, that made that it was known as the Virgin of the Silence.

The time passed, the marriage died and the square was attacked and destroyed in two occasions, but the son Pedro Beluti, who took charge of the reproductions of the same one, restoring them in the original place, in the corner of the house.

The town of Madrid felt a special faith for the painting, a lot of people came to see it and to pray to the Virgin. The people began to hear about the Virgin's miracles as one of the poor handicapped which praying felt sleep and when she woke up she could walk; or the mother that didn't have milk to give the chest to their son and after praying she was overflowing.

Such it ended up being the Virgin's fame that in 1624, after requesting it by letter signed by neighbours so illustrious as Lope de Vega, they transferred it to San Sebastian's church where it is now.

From 1631 She is the patron of the actors and actresses that, through the Virgin´s Congregation of the Novena, they used to take care of the actors without a lot of purchasing power as well as to give them sepulchre.

Congregación Virgen de la Novena
Fundada en 1631
Patrona de los Actores Españoles

El Palacio de Congresos de Madrid / Madrid Convention Center

El Palacio de Congresos de Madrid data de los años 70 del siglo pasado. Con un impresionante mural de Gabriel Miró en lo alto de la fachada, fue un exponente de la arquitectura de la ciudad en su época.

Situado en el centro financiero de Madrid, junto al complejo AZCA, por su comodidad y fácil acceso es un espléndido lugar para realizar ferias, conciertos, exposiciones o para entregar premios como los de la Academia de Cine, los famosos premios Goya.

The Madrid Convention Center dates from the 70´s of last century. With the impressive Gabriel Miró´s mural in the high of the facade, this building was an exponent of the architecture of the city in its time.

Located in the middle of the Madrid´s financial district, just close to AZCA, for their comfort and easy access is a splendid place to carry out fairs, concerts, exhibitions or to give prizes like those of the Cinema Academy, the famous prizes Goya.

PALACIO DE CONGRESOS DE MADRID

La Corrala de la Calle Sombrerete / The Corrala of the Calle Sombrerete

Las Corralas eran las tradicionales viviendas antiguas de Madrid, aún quedan algunas en pie en los barrios de Lavapiés o de Chamberí. Eran viviendas de baños y servicios compartidos por toda la comunidad de vecinos. Todas ellas daban a un patio con escaleras y balcones donde se hacía mucha vida. En los patios había incluso corrales, de ahí el nombre de Corralas.

En la Calle Sombrerete vivió, en tiempos muy remotos, un pastelero que se hizo pasar por el desaparecido rey Sebastián de Portugal. Cuando le pillaron en su mentira, el hombre culpó a su cómplice, un monje luso, sacerdote del Monarca, que le conocía bastante bien. Este monje fue culpado y condenado a muerte.

El día de la ejecución fue llevado humillándole por las calles de Lavapiés, con una capa y un sombrero, hasta la Plaza Mayor, donde le ahorcaron. Después de muerto, un grupo de jóvenes le quitó el sombrero y jugaron con él hasta dejarlo abandonado sobre un montón de estiércol en una corrala de Lavapiés.

Allí quedó abandonado el sombrero hasta que, a la semana siguiente, lo vieron salir volando desde donde reposaba. Así estuvo un tiempo, volando y asustando a los vecinos, quienes pensaban que era el fantasma del monje luso, hasta que una noche abandonó el barrio y nunca más se le vio. Pero dio nombre a la calle, que durante un tiempo se llamó calle del Sombrerete volador, y hoy se conoce como la Calle del Sombrerete.

The corralas (farmyards) were the traditional old housings of Madrid, some are even still built in the neighbourhoods of Lavapies or of Chamberí. They were housings of bathrooms and services shared by the whole community of neighbours. All the houses gave to a patios (courtyards) with stairways and balconies where a lot of life was made. In the patios there were even corrals, of there the name of Corralas.

In the calle Sombrerete lived, in very remote time, a pastrycook who took the personality of the missing king Sebastian from Portugal. When he was discovered in his lie, the man accused his accomplice, a Portuguese monk , priest of the King that knew him quite well. This monk was accused and convict to death.

The day of the execution he was taken by the streets of Lavapies, with a layer and a hat, to the Plaza Mayor, where he hung. After dead, a group of young people removed the hat from his head and they played with it until they left it abandoned on a heap of manure in one corrala of Lavapies.

The hat was abandoned there until, the following week, the neighbours saw it leave flying from where it rested. It was this way, flying and scaring the neighbours whose thought that it was the monk's luso ghost, until one night it abandoned the neighbourhood and it was seen never more. But it gave name to the street that It was called calle del sombrero volador (Street of the flying small hat) during a time, and today it is known as the calle de Sombrerete (Street of small hat).

Luis Candelas

Cerca de la Plaza Mayor se encuentra Las Cuevas de Luis Candelas. Es un turístico restaurante que anteriormente fue una tienda de tejidos, lo curioso es que era en la trastienda donde Luis Candelas, el famoso bandolero de Madrid, repartía el botín tras cometer el robo.

En el restaurante permanecen intactas las cuevas subterráneas donde se escondía el famoso bandolero.

Near the Plaza Mayor It is a placed called Las Cuevas (The Caves) of Luis Candelas, it is a tourist restaurant that previously was a store of fabrics, the curious thing it is that in the back-room it was where Luis Candelas, the famous thief of Madrid, distributed the booty after making the robbery.

In the restaurant they keep intact the underground caves where the famous highwayman hide himself.

El Palacio de Santa Cruz / The Santa Cruz' Palace

Hasta 1543, año en el que se terminó la primera cárcel, no había penitenciarías construidas en la Villa de Madrid.

El sistema que se utilizaba hasta entonces era el de la "Requisa de Inmuebles" un injusto sistema por el cual requisaban viviendas temporalmente a diferentes vecinos para darle el uso de cárcel. Esto hizo que se agruparán 106 perjudicados que exigieron la construcción de una cárcel del Estado.

En 1623 ésta cárcel del Estado es destruida por estar declarada en ruinas, así que se llevan a los presos a la que ahora denominamos como "cárcel vieja", que se encontraba en las dos casas adyacentes a la demolida.

Ésta Cárcel Vieja, aparte de que se quedó pequeña enseguida, albergaba en el piso superior las oficinas del Alto Tribunal, y además no era todo lo segura que debía ser. Por lo que Madrid se vio, de nuevo, con el mismo problema de tener que construir otra cárcel con un dinero, ofrecido por la Corona, que no era suficiente, así que el Concejo de la Villa necesitó crear una sisa, un impuesto, con el que poder sufragar el gasto de la construcción de una nueva cárcel. La sisa por el consumo de vino, establecida por el Auto de Alcaldes de 17 de junio de 1630.

En 1636 terminaron las obras de la nueva cárcel que, según parece, fue diseñada por el arquitecto Juan Gómez de Mora, el mismo que hizo la Casa de la Villa, de ahí su razonable parecido.

Como dato anecdótico decir que Cervantes estuvo preso en esta cárcel por uno de los muchos altercados que tuvo con la justicia de su época.

El Palacio, que comenzó siendo cárcel, ha sido desde 1793 Palacio de la Audiencia hasta 1885 que se convierte en el Ministerio de Ultramar. En 1898, con la pérdida de las últimas colonias, al edificio no le encuentran un sentido hasta que en 1900 se convierte en el Ministerio de Estado y desde 1938 hasta hoy alberga al Ministerio de Asuntos Exteriores.

Up to 1543, year in which the first prison was ended, there were not jails built in the Villa of Madrid.

The system that was used until then it was called "Seizes of Properties" an unjust system for which the government seized properties temporarily to different neighbours to give them the use of a jail. This made that a group of 106 harmed whose demanded the construction of a jail of the State.

In 1623 this jail was destroyed to be declared in ruins, so they took the prisoners to the one that now denominate as "cárcel vieja" (old jail) that was in the two adjacent houses to the one it was demolished.

This Old Jail, apart from that it was small at once, harboured in the superior floor the offices of the Main Court of Law, and it was not also all the safe it should be. For what Madrid was seen, again, with the same problem of having to build another jail with a money, offered by the crown that it was not enough, the Town council of the village needed to create an excise, a tax, with the one that to be able to finance the expense of the construction of a new Jail. The excise for the consumption of wine was settled down by the Auto of Alcaldes the 17th of June in 1630.

In 1636 they finished the works of the new jail that, as it seems, it was designed by the architect Juan Gómez of Mora, the same one that made the House of the Villa, of there their reasonable resemblance.

As anecdotic fact Cervantes was prisoner in this jail for one of the many quarrels that he had with the justice of his time.

The Palace, that began being a jail, has been from 1793 Palace of the Audience up to 1885 that it becomes the Ministry of Overseas. In 1898, with the lost of the last Spanish colonies, they don't find a sense the building to use until 1900 become the Ministry of State and from 1938 until today it is the Ministry of Foreign Affairs.

El Concejo de la Villa / The Old City Council

En la calle Mayor, justo en frente de la plaza de la Villa se encontraba la Iglesia Parroquial de San Salvador, en cuyo claustro se reunían los vecinos de la villa, para decidir el futuro de la ciudad.

Se puede decir que estas reuniones fueron las primeras del Concejo de la Villa, que luego se estableció en la actual Casa de la Villa.

Nada menos que en 1629, unos 60 años después de establecerse la Corte en Madrid, Felipe IV otorgó la licencia al Ayuntamiento para hacer de dicha casa su sede de trabajo.

In the calle Mayor, just in front of the Plaza de la Villa it was the Parochial Church of San Salvador in whose cloister the neighbours of the village used to met, to decide the future of the city.

It can say that those meetings were the first ones of the Town council of the Villa, that later on there were settled down in the current Casa (House) of the Villa.

Anything less than in 1629, about 60 years after settling down the Court in Madrid, Felipe IV granted the license to the City council to make this house their headquarters.

Monumento al Descubrimiento de América / Monument to the Discovery of America

En los Jardines del Descubrimiento en la plaza de Colón hay un monumento dedicado al Descubrimiento de América, consta de tres esculturas de hormigón de gran tamaño llamadas Las Profecias, La Génesis y El Descubrimiento. Datan de 1977 y son obra del escultor Joaquín Vaquero Turcios.

En Las Profecías se puede leer un extracto de "Los libros de Chilar Balam", según menciona Clara Tahoces en su libro "Guía del Madrid Mágico", donde se interpreta que los nativos de América sabían de la inminente llegada de los conquistadores que venían de Occidente.

In the Gardens of the Discovery in Plaza de Colón (Columbus's Square) there is a monument dedicated to the Discovery of America, it consists of three sculptures of concrete of great size called The Prophecies, The Genesis and The Discovery. They date of 1977 and they are made by the sculptor Joaquín Vaqueros Turcios.

In The Prophecies one can read an extract of "The books of Chilar Balam", as Clara Tahoces mentions in her book "Guides of the Magic Madrid", it is interpreted that the native of America knew about the imminent arrival of the conquerors that they came from the West.

CRISTOBAL COLON · JUAN D LA COSA · PERALONSO NIÑO · DIEGO
LUIS D TORRES · MAESTRE JUAN · CHACHU · DOMINGO D LEQUEITIO · DOMINGO
JUAN D MEDINA · BARTOLOME VIVES · DIEGO LEAL · ALFONSO CLAVIJO · GONZALO
JUAN D MOGUER · PEDRO D TERREROS · JUAN D XERES · CRISTOBAL CARO
DIEGO BERMUDEZ · RODRIGO GALLEGO · PEDRO D LEPE · JACOME EL RICO
FRANCISCO MARTIN PINZON · CRISTOBAL QUINTERO · BERNAL · JUAN REYNAL
GARCIA HERNANDEZ · JUAN QUINTERO D ALGRUTA · ANTON CALABRES · FRANCISCO
SANCHO D RAMA · GOMEZ RASCON · JUAN RODRIGUEZ BERMEJO · PEDRO D ARCOS
FERNANDO MEDEL · FRANCISCO MEDEL · JUAN QUADRADO · VICENTE YAÑEZ PINZON
DIEGO LORENZO · BARTOLOME GARCIA · ALONSO D MORALES · ANDRES D HUELVA
PEDRO SANCHEZ D MONTILLA · PEDRO D VILLA · FERNANDO D TRIANA · RUI GARCIA · PERO
PARTIENDO DE PALOS EN LA SANTA MARIA LA PINTA Y LA NIÑA CRUZARON POR

El Barquillero

No hay personaje castizo más simpático que el barquillero. Fue muy popular en tiempos en los lugares más frecuentados de Madrid, en parques, en el Retiro, en verbenas.

Hoy, aunque quedan muy pocos, aún se pueden ver en las cercanías del Palacio Real, en la Plaza Mayor o en algún otro lugar turístico de Madrid.

El barquillero siempre va con su cesta de mimbre llena de barquillos, de forma de barca de vela, de ahí el nombre, o canutillos, solos o con chocolate.

El sistema antiguo de adquisición de barquillos suponía hacer una pequeña apuesta. Por el coste de un barquillo tirabas a la ruleta que siempre llevaban a cuestas y dependiendo del número que saliera te podías llevar 1, 2, 3 barquillos o ninguno, si la mala suerte hacia que la aguja cayera en la casilla del 0.

Los barquillos son un buen tentempié para endulzar cualquier momento del día.

There is not nicer castizo character that the barquillero. It was very popular in times in the most frequented places in Madrid, in parks, in the Retiro, in verbenas (street fairs).

Today, although they are very few, they can still be seen near to the Palacio Real (Royal Palace), in the Plaza Mayor or in some other tourist place of Madrid.

The barquillero always goes with its wicker basket full of wafers, with the format either a boat, the name became from this, either tubes, plain or with chocolate.

The old system of acquisition of wafers supposed to make a small bet. For the cost of one you threw to the roulette that they always took on with themselves and depending on the number that came out you could take 1, 2, 3 wafers or none, if the bad luck toward that the needle fell in the stall of the 0.

The rolled wafers are a good snack to sweeten any moment of the day.

ANGEL MAURI
CHACHI PEN

Teatro Valle Inclán / Valle Inclán Theatre

En 1929 se inauguró la Sala Olimpia, aunque para el evento se ofreció un espectáculo de variedades, se dedicó durante décadas a las proyecciones de películas de cine.

Desde 1979 se ocupa exclusivamente de los montajes teatrales gestionada, en un principio, por la Asociación Cultural La Corrala que, a pesar de los escasos recursos, hace que la sala se mantenga unos años más.

En 1984 pasó a ser la sede del Centro Nacional de Nuevas Tendencias, aunque tras su desaparición forma parte del Centro Dramático Nacional.

En la actualidad tras una costosa transformación y adaptación del espacio se han creado dos salas de teatro y un salón de actos y exposiciones, además alberga las oficinas del CDN.

In 1929 The Olimpia was inaugurated, although for that event was offered a show of varieties, it was dedicated during decades to the projections of movies.

From 1979 it was used exclusively to the theatrical assemblies negotiated, in a beginning, for the Cultural Association La Corrala, in spite of the not many resources, It made that the place stayed alive few more years.

In 1984 it became the headquarters of the National Centre of New Tendencies, although after its disappearance is part of the National Dramatic Center.

At the present time after an expensive transformation and adaptation of the space two theatre rooms and an assembly hall and exhibitions have been created, it also harbours the offices of the N.D.C..

Centro Dramático Nacional
Divinas Palabras

El Edificio Mirador / The Mirador Building

El crecimiento de la ciudad provoca la creación de nuevos barrios llamados PAUS. En algunos casos, como el del edificio Mirador en el PAU de Sanchinarro, la diseñadora madrileña Blanca Lleó se ha arriesgado a crear nuevas estructuras de líneas muy especiales y distintos colores, así como la terraza a 37 metros de altura que, sin duda, ha marcado un antes y un después en los pisos de protección oficial.

The growth of the city causes the creation of new neighbourhoods denominated PAUS, in some cases, as that of the Mirador building in the PAU of Sanchinarro, the designer from Madrid Blanca Lleó has taken a risk to create new structures of very special lines and different colours, as well as the terrace to 37 meters high that, without a doubt, she has marked and after and before in the official protection houses.

La Catedral de la Almudena / The Almudena's Cathedral

Se podría decir que al acabar la catedral de la Almudena se terminó con una obra de las más largas de la historia.

La idea de su construcción data de la época de Carlos V, exactamente de 1518. La primera piedra se colocó en 1883, el 4 de abril. Se terminó en 1993, consagrándola como catedral el Papa Juan Pablo II en 1992.

One could say that when the Almudena's cathedral was finished It ended with the longest work of the of the history.

The idea of its construction dates of Carlos V' epoch, exactly of 1518. The first stone was placed the 4th of april in 1883. It was ended in 1993, consecrating it as cathedral the Pope Juan Pablo II in 1992.

La Altura de Madrid Sobre el Nivel del Mar / The Height of Madrid From the Level of the Sea

En unos cuantos puntos de la ciudad se puede ver la altura a la que está Madrid partiendo de un punto medio del mar Mediterráneo en Alicante, En la Plaza de la Villa marca exactamente 646´4 m.

In some points of the city one can see the height of Madrid from a point of the Mediterranean see in Alicante, In the Plaza de la Villa (Square of the Villa) it marks 646´4 m. high exactly.

DIRECCION GENERAL DEL
646,4
ALTURA SOBRE EL NIVEL MEDIO DEL
MEDITERRÁNEO EN ALICANTE
INSTITUTO GEOGRÁFICO

Ruinas de la Iglesia Santa María de la Almudena / Ruins of Santa María of the Almudena's Church

La antigua iglesia de Santa María de La Almudena fue demolida en el año 1868. Ésta fue la principal iglesia del Madrid medieval, que fue edificada sobre la mezquita mayor del Madrid musulmán.

En 1998, tras hacer unas obras de rehabilitación de la calle Mayor se encontraron unos restos de la iglesia de La Almudena que se pueden contemplar a través de una urna de cristal.

The old church of The Santa María of the Almudena was demolished in the year 1868. This was the main church of the medieval Madrid, it was built on the bigger islamic mosque of the time of the muslim period.

In 1998, after making some works of rehabilitation of the Calle Mayor they found some remains of the church of Santa María of The Almudena that one can contemplated through a showcase.

El Ángel Custodio / The Custodian Angel

Hay un dicho popular que dice: "Como sigas así vas a ir a dormir debajo del Ángel Custodio". Este dicho viene porque lo que es ahora el Ministerio de Asuntos Exteriores fue en su día la cárcel de la Villa. Si dormías debajo del Ángel Custodio es que estabas preso, lo cual si no es agradable ahora, imaginen hace unos siglos.

There is a popular proverb that says "if You continue this way you would go to sleep under the angel custodian". This sentence is because what it is now the Ministry of External Affairs was the Jail of the town, if you slept under the Custodian Angel it was because you were a prisoner, that which is not pleasant now, imagine some centuries ago.

Los Ascensores en el Viaducto / The Elevators in the Viaduct

El Viaducto tiene muchas historias, las más tristes los suicidios o intentos que por tantos que eran, el Ayuntamiento se vio obligado a poner cristaleras para evitar el paso de los pobres trastornados. Hay alguna historia graciosa, pero lo que más me ha sorprendido es que hubo un tiempo en que había unos ascensores que te subían desde la calle Segovia hasta Bailen.

The viaduct has many histories, the saddest the suicides or intents that for so much that were, the City council was forced to put glasses to avoid the step of the overturned poor. There are some amusing histories, but that that more it has surprised me it is that there was a time in that there were some elevators that got you from the Calle Segovia up to Bailen.

Calle de Madrid

La Calle de Madrid es la única calle del callejero que no tiene numeración. Se le dio este nombre por su proximidad con el Consistorio, pues es justo la calle lateral del Ayuntamiento.

The Calle de Madrid (Street of Madrid) is the only street of the streetbook that it doesn't have numeration. This name was given because it is close to the Council, it is exactly the lateral street of the City Council.

CALLE
DE
MADRID

Los Canales en El Retiro / The Canals in El Retiro

Hubo un tiempo en que por el Retiro había canales navegables, que sólo eran para disfrute de la monarquía. Cuando el parque del Retiro pasó a ser de uso público en 1868 se limitó el uso de las barcas al estanque.

There was a time that the canals of the Retiro were navigable, they were for enjoyment of the monarchy only. When the park of the Retiro became free to be used for all the public, in 1868, the use of the boats were limited to the pond only.

La Estatua de Orfeo / The Orpheus Statue

En la plaza de la Provincia hay una estatua de Orfeo, personaje mitológico de la cultura griega que heredó de sus padres, Apolo y Calíope, los dones de la poesía y la música.

Tiene a sus pies la historia del escudo de Madrid a través de los años. Merece la pena fijarse en la evolución del escudo desde sus orígenes.

La actual fuente de Orfeo es una copia de la que existía en este mismo lugar que fue retirada en el siglo XIX.

In the Plaza de la Provincia (square of the County) there is a statue of Orfeo (Orpheus), mythological character of the Greek culture that inherited of his parents, Apollo and Calíope, the gifts of the poetry and the music.

It has in its pedestal the history of the shield of Madrid through the years. It is worthwhile to notice the evolution of the shield from its origins.

The current source of Orfeo is a copy of which existed in this same place that it was moved away in the 19th century.

TA TUNG
CHINO
PLAZA DE LA PROVINCIA
4

El madroño más antiguo / The oldest Arbutus

El madroño más antiguo de Madrid está situado en la plaza de la Lealtad, justo a un lado del Monumento a los Héroes del 2 de Mayo y a los caídos por la patria en todas las épocas.

No se conoce la fecha de cuando se plantó, pero se sabe que tiene más de 100 años.

The oldest arbutus in Madrid is located in the Plaza de la Lealtad (square of the Loyalty), it is close to the Monument to the Heroes of 2 of May and to the dead people died for the homeland in all the times.

The date of when it was planted is not known, but it is known that it is more than 100 years older.

Plaza de la Cruz Verde

Al igual que la calle del mismo nombre, esta plaza era otro lugar donde la Inquisición realizaba ejecuciones. La última se efectuó en tiempos de Felipe II.

También en esta plaza, se cuenta, que se podían oír ruidos extraños que no se sabía si eran por el viento al hostigar la ciudad, o por los lamentos de las tristes almas de los ejecutados en tan bella plaza.

Equal as the street of the same name, this square was another place where the Inquisition carried out executions. The last one was made in times of Felipe II.

Also in this square, it is counted that strange noises could be heard that it was not known if It was the wind when harassing the city, or the laments of the sad souls of those executed in so beautiful square.

Helados
FREDDO
SIENDO CORREGIDOR
AÑO DE 1850

Una Plaza Sin Nombre / A Square Without Name

Hay una plaza sin nombre justo detrás del palacio de Cañete, paralela a la calle Mayor.

La plaza quedó al derribar, para hacer un parking, unos edificios que había entre las calles de Madrid y Sacramento.

There is a square without name exactly behind the Palacio of Cañete, parallel to the calle Mayor.

The square was made when demolishing, to make a parking, some buildings that there were between the streets of Madrid and Sacramento.

El Estanque del Parque de El Retiro / The Pond of the Parque de El Retiro

El estanque del Retiro es otro lugar ideal para pasar un poco más fresco los veranos de Madrid.

En sus orígenes, hacía 1640, el Real Sitio del Buen Retiro, sólo lo podían disfrutar la familia real, pero desde la revolución de 1868, conocida como la Gloriosa, los jardines pasaron a ser patrimonio municipal, pudiendo disfrutar de los mismos todos los madrileños.

El monumento a Alfonso XII tiene una escalera que permite el acceso a lo alto, pudiendo disfrutarse de unas maravillosas vistas del parque. Por desgracia, en la actualidad permanece cerrado al público.

The pond of the Retiro is another ideal place to be a little fresher during the summers of Madrid.

In its origins, It made around 1640, the Real Sitio del Buen Retiro (The Royal Place of the Good Retiro), It could only be enjoyed by the royal family, but from the revolution of 1868, well-known as La Gloriosa (The Glorious one), the gardens became municipal patrimony, being able to be enjoying by all the ones from Madrid.

The monument to Alfonso XII has a stairway that allows the access to the top of it, being been able to enjoy some wonderful views of the park. Unfortunately, at the present time it remains closed to the public.

Plaza de la Lealtad

En este sitio tuvieron lugar los principales fusilamientos del 2 al 3 de mayo de 1808 durante la sublevación contra el ejercito invasor francés. Por eso aquí se depositaron, como homenaje, las cenizas de los mártires caídos por la libertad, en su lucha contra las tropas napoleónicas.

En los años 80 del siglo pasado se encendió la llama votiva en honor al soldado desconocido, cuando el monumento se destinó a todos los caídos por España.

In The Plaza de la Lealtad (loyalty Square) took place the main shootings from the 2 to 3 of May of 1808 during the rebellion against the invader French Army, for that reason here they were deposited, as homage, the ashes of the fallen martyrs for the freedom, in their fight against the Napoleonic troops. A Shaft was erected and It lit a fire in memory of the unknown soldier.

A never off flame was lighted in the 80´s of the last century in honour to the unknown soldier, when the monument was dedicated to all the deceased ones by our country.

MAYO
ESPAÑA

Fantasmas en la Calle de la Cruz Verde / Ghosts in the Calle de la Cruz Verde

Una cruz verde era la señal que ponía la Santa Inquisición en los lugares donde ejecutaban a los reos sentenciados a muerte. Este hecho ha dado el nombre a una calle del distrito Centro.

Se cuenta que en aquella época, a los pocos días de las ejecuciones, se podían oír los lamentos de los que ahí morían, dolorosos gritos de las almas en pena que vagaban por el lugar. Incluso alguna vez se encontró la cruz de color verde derribada, aunque nunca se pudo demostrar si la tiraba la fuerza de los espíritus atormentados o el viento.

A green cross was the sign that the Santa Inquisition used to put in the places where they executed the criminals sentenced to death. This fact has given the name to a street of the center district.

A legend from that time says that, few days after the executions, the laments of those whose had died could be heard, painful screams of the souls in pain that wandered for the place. Sometimes the green cross was founded demolished, although it could never demonstrate if It threw it the force of the tormented spirits or the wind.

EN TORNO
A ESTE LUGAR VIVIÓ
Y MURIÓ EN 1734
MIGUEL JACINTO
MELÉNDEZ
PINTOR DEL REY
FELIPE V
VISITAC
CALLE
DE LA
CRUZ VERDE

El edificio más estrecho / The Most Narrow Building

El edificio más estrecho de Madrid está en la calle Mayor. Pertenece a una misma familia y se accede al interior a través del local, pues la fachada no tiene sitio para otra puerta.

The most narrow building in Madrid is in the Calle Mayor. It belongs to oneself family and they can go inside crossing the shop downstairs, because the facade doesn't have place for another door.

CEP
VENTA DE TEMARIOS
DE OPOSICIONES Y
TEXTOS DE FORMACION
PAPELERIA
PELUQUERIA cotarelo HAIRDRESSER
UNISEX ESTETICA
ANTIGUA
FARMACIA
DE LA
59 REINA MADRE 59
LADS. Mª.E., Mª.C. CID GARCIA
PELUQUERIA
HAIRDRESSER
UNISEX
ESTETICA
ABIERTO 24
Hidratación

La Casa de Calderón de la Barca / The Calderon de la Barca's House

En un edificio de la calle Mayor hay una placa que nos recuerda que ahí vivió y murió Calderón de la Barca. El inmueble es uno de los más estrechos de Madrid, es casi igual que el cercano edificio situado en el número 57 de esta misma calle.

Al ilustre madrileñista Mesonero Romanos debemos agradecer el que ésta construcción siga en pie pues, cuando iba a ser demolida, se interpuso entre la piqueta que lo iba a derribar y el propio inmueble, impidiendo así que las máquinas hiciesen su trabajo.

In a building of the calle Mayor is a badge that reminds us that there is where Calderón de la Barca lived and died. The property is one of the most narrow in Madrid and It is very similar to a close building place in the one in the number 57th of this street.

We should thank to the illustrious madrileñista Mesonero Romanos that this construction continues exist, because when the workers would demolish it, he put himself between the pickaxes that would demolish it and the own property, impeding to the machines made their work.

AQUI VIVIÓ Y MURIÓ
Dⁿ PEDRO CALDERON DE LA BARCA.

El Ahuehuete

El Ahuehuete, conocido como "Ciprés Calvo", es un árbol traído de México por Hernán Cortés. Se plantó alrededor del año 1633, y aunque pensaban que no llegaría a durar mucho tiempo, por la diferencia climática entre su país de origen y Madrid, se adaptó tan bien que hoy se puede seguir admirando en el mismo sitio donde fue plantado.

The Ahuehuete, well-known as "Ciprés Calvo" (bald cypress) is a tree that Hernán Cortés brought from Mexico. It was planted around the year 1633, and although they thought that it would not last too much time, for the climatic difference between their origin country and Madrid, It adapted so well that today one can continue admiring in the same place where it was planted.

El Palacio de Cristal en el Parque de El Retiro / The Palacio de Cristal (Glass Palace) in the Parque de El Retiro

El Palacio de Cristal fue alzado en el año 1887 con motivo de la Exposición General de las Islas Filipinas.

Diseñado por el arquitecto Ricardo Velásquez Cobo como invernadero de flores y plantas filipinas, y en clara competencia con los invernaderos ingleses como el de Palm House de Kew Gardens, fue conocido durante un tiempo como el pabellón-estufa. Una vez terminada la exposición el pabellón desmontable se construyo en el parque del Retiro creando, al mismo tiempo, el lago artificial.

The Palacio de Cristal (Glass Palace) was raised in the year 1887 with reason of the Universal Exhibition of the Islands Philippines.

Designed by the architect Ricardo Velásquez Cobo like hothouse of Philippine flowers and plants, and in clear competition with the English hothouses as that of Palm House of Kew Gardens, it was known during a time like the pavilion-stove. Once finished the exhibition the collapsible pavilion was build in the park of the Retiro creating, at the same time, the artificial lake.

La Maldición del Moro Kas / The Moor Kas' Curse

El Arroyo del Abroñigal, cuyo trayecto más conocido venía desde La Elipa hasta el Cerro de la Plata, en lo que ahora es el Parque de Tierno Galván, es donde tenía sus tierras el Moro Kas. Allí vivía y cultivaba sus huertas. Vallecas recibe su nombre por el Valle del Moro Kas.

Alrededor de 1920 un grupo de trabajadores del ferrocarril deciden comprar los terrenos y formar una colonia, edificando unas casas de tan bajo coste que no tenían ni luz ni agua.

Ésta la recogían con una noria del subsuelo, pues el agua del arroyo tenia durante siglos, fama de curativa, sana y de maravilloso sabor.

Pasaron los años y un mal día hubo mucha gente de la colonia que de repente sufrieron problemas intestinales. Comprobaron que todos habían bebido de la misma agua, que se había podrido.

Contó una joven que escuchó una voz susurrar junto a la noria del agua: Soy el Moro Kas, dueño y señor de este lugar, envenenaré las aguas hasta que los invasores se hayan marchado. Quemaré sus casas, seré sus pesadillas.

Narran las crónicas de sucesos que en las tres décadas posteriores, entre 1960 y 1980 se produjeron numerosos incendios en diferentes casas de la zona, algunos incluso con victimas.

The Stream of the Abroñigal that its best known path came from The Elipa until El cerro de la Plata, the current Tierno Galván's Park, it is where Moro Kas had his lands. There he lived and cultivated his vegetable gardens. Vallecas receives its name for the Valley of the Moro Kas.

Around 1920 a group of workers of the railroad decides to buy the lands and to form a colony, building some low cost houses so that they didn't have neither light neither water.

The water was picked up with a waterwheel from the underground, because the water of the stream had had during centuries, fame of healing, healthy and a wonderful taste.

The years passed and a bad day there were a lot of people of the colony that suddenly they suffered intestinal problems. They checked that all of them had drank of the same water that It was rotted.

A youth that listened, close to the waterwheel, a voice to whisper said: I am the Moro Kas, owner of this place, I will poison the waters until the invaders will have left. I will burn their houses, I will be their nightmares.

The chronicles talks of events that during three decades later, between 1960 and 1980 numerous fires took place at different homes of the area, some of them with mortal victims.

Puerta de Europa / Door of Europe

Las Torres KIO, tras una edificación un tanto dificultosa debido a una serie de infortunios, se inauguraron en 1996. El director de cine Alex de la Iglesia localizó el final de su película "El día de la bestia" en una de las torres, por este motivo las hasta entonces tristemente famosas Torres se envolvieron tras un misterioso halo de leyenda. Hubo gente que incluso comentaba que las Torres eran el símbolo del diablo, La V de la victoria, al revés.

The KIO Towers, after a difficult construction due to a series of problems, they were inaugurated in 1996. The cinema director Alex de la Iglesía located the end of his movie "The day of the beast" in one of the towers, for this reason the until then sadly famous Towers wrapped up under a mysterious legend halo. There were people that even commented that the Torres formed the devil's symbol, The V of the victory, upside down.

REALIA
ESPAÑA
A

Las Casas con Pisos Añadidos / The Added Floors Houses

Después de la Guerra Civil, debido a los bombardeos, la ciudad quedó muy dañada y falta de viviendas. Por ello, se permitió, a los edificios que pudieran, añadir dos pisos más de altura. En algunos edificios se pueden ver la diferencia de estilos arquitectónicos en los pisos posteriores.

After the Civil War, due to the bombings, the city was very damaged and lack of houses. Because of that, the goverment allowed, to the buildings that could, to add two more floors. In some buildings one can see the difference of architectural styles of the highest floors.

RONDA
Mahou

Escuelas Pías de San Fernando / San Fernando's Pious Schools

El padre Juan García de la Concepción fundó las Escuelas Pías de San Fernando en 1729. Fue el primer colegio de la Orden de los Escolapios en Madrid y su innovador sistema educativo se ofrecía de forma gratuita a los niños pobres. En 1795 fue la primera escuela para niños sordos de España.

Su actividad escolar no cesó ni siquiera con la llegada de las tropas francesas a principios del siglo XIX.

A principios del XX incorporó actividades como Mecanografía, Taquigrafía, Contabilidad e Idiomas, Francés e Inglés.

Durante la guerra civil la iglesia y el colegio fueron saqueados y destruidos. En 1999, tras medio siglo de abandono, las ruinas fueron rehabilitadas y ahora es una Biblioteca Universitaria asociada a la UNED.

The priest Juan García of the Concepción founded San Fernando's Pious Schools in 1729. It was the first school of the Order of the Escolapios in Madrid and their innovative educational system offered from a gratuitous way education to the poor children. In 1795 it was the first school for deaf children in Spain.

Its school activity didn't not even cease with the arrival of the French troops at the beginning of the XIX century.

At the beginning of the 20th century it incorporated activities like Typing, Shorthand, Accounting and Languages, French and English.

During the civil war the church and the school were plundered and destroyed. In 1999, after half century of abandonment, the ruins were rehabilitated and now it is an University Library associated to the UNED.

El Corral de Comedias

Había, en la época del Siglo de Oro, dos teatros siempre enfrentados. Eran El Corral de la Cruz y El Corral del Príncipe. Eran corralas donde vivía gente, que hacían la función de teatro cuando hubiere sesión. El público alquilaba su sitio en el patio, y se llevaban la silla, o bien alquilaban un balcón en las zonas altas de la corrala.

Algunos autores pagaban dinero a los asistentes para que aplaudieran en sus obras y abuchearan las obras de sus contrincantes literarios, para así alcanzar la fama y, obviamente, desprestigiar a los contrincantes literarios.

There were, in the time of the Siglo de Oro (Century of Gold), two theatres always confronted. They were El Corral de la Cruz (The farmyard of the Cross) and El Corral del Príncipe (The Prince's Farmyard). They were farmyards where people lived but they converter and use as a theatre when they had a play. The public either rented their place in the yard, and they took the seat from their homes, either rented a balcony in the high areas of the corrala.

Some authors paid money to the assistants so the public applauded in their works or booed the literary competitors ones, this way the writer reached the fame and, obviously, the literary competitors were discredited.

Cervantes y la Orden de las Trinitarias / Cervantes and the Order of the Trinitarian

D. Miguel de Cervantes Saavedra fue un hombre que no paró de viajar, no tuvo mucha suerte en su vida e iba de un lado para otro buscando fortuna. Estuvo preso en la Cárcel de la Villa en Madrid y fue apresado por los turcos durante la batalla de Lepanto.

Su familia no tenía el dinero que solicitaban sus carceleros por dejarlo en libertad, así que la Orden Trinitaria, que entre otras cosas se ocupaba de liberar presos alrededor del mundo, reunió la cantidad que pedían por su rescate y le liberó. Después de aquello Cervantes se sentía en deuda con la Orden. Cuando regresó a España publicó con éxito El Quijote y al final de sus días se ordenó en la misma Orden de los Trinitarios, por lo que fue enterrado dentro del convento, también en el Barrio de las Letras.

Mr. Miguel of Cervantes Saavedra was a man who travelled a lot, he was not very lucky in his life and he was going from here to there looking for fortune. He was prisoner in the Jail of the village in Madrid and he was captured by the Turks Army during the battle of Lepanto.

His family didn't have the money that his jailers requested to leave him in freedom, so the order Trinitaria, that among other things they tried to liberate prisoners all over the world, gathered the quantity that it was requested for his rescue and they released him. After that Cervantes felt in debt with the order. When he returned to Spain El Quixote was published with success and at the end of his days he was ordered in the Order of the Trinitarian ones, for that reason it was buried inside the convent, also in the Barrio de las Letras (Neighbourhood of the Letters).

La Virgen del Arco / The Lady of the Arc

Según cuenta la leyenda un cuadro de la Virgen era llevado en procesión cuando un moro le disparó una flecha con la punta de goma con el único fin de ofender a Dios, dando justamente en el hermoso rostro de la Señora. De repente, brotó sangre de la mejilla en el cuadro. El moro al ver aquel milagro se convirtió al catolicismo.

Hoy se puede disfrutar de este cuadro en la antesacristía de la Capilla del Cristo de los Dolores de la Venerable Orden Tercera de San Francisco.

According to the legend a painting of the Virgin was taken in procession when a moor shot an rubber tip arrow to it with the only idea of offending to God, it gave exactly in the beautiful face of the Lady. Suddenly, the cheek of the Virgin started bleeding in the painting. When the moor saw that miracle he became to the Catholicism.

Today one can enjoy this painting in the sacristy of the Chapel of the Cristo de los Dolores (Christ of the Pains) of the Venerable Order Third of San Francisco.

Baños Árabes / Arabs Baths

La costumbre de usar baños públicos viene de la época de los griegos, la adoptaron los romanos y continuaron con ella los árabes. En Madrid se pueden encontrar unos baños árabes realizados en un antiguo aljibe de cientos de años de antigüedad en un local llamado Medina Mayrit (Ciudad de Madrid).

Los baños tenían diferentes utilidades desde la meramente higiénica o terapéutica, la reunión social o política, hasta la más purificadora experiencia religiosa y eran usados tanto por judíos como por árabes o cristianos.

Alfonso XI prohibió su uso en 1350 pero lo cierto es que a raíz de la persecución sufrida por los árabes y sus costumbres, y su expulsión, así como la de los judíos de España hicieron que dejaran de ser tan utilizados y a la vez rentables.

The habit of using public baths comes from the time of the Greeks, the Romans adopted it and the Arabs continued with it. In Madrid one can see some Arab bathrooms carried out in a hundred of years of antiquity reservoir, in a place called Medina Mayrit (City of Madrid).

The bathrooms had had different utilities from the merely hygienic or therapeutic one, the social or political meeting point, until the more purifier religious experience and they were used either for Jews either for Arabs or Christians ones.

Alfonso XI prohibited their use in 1350 but the true is that after the persecution suffered by the Arabs and their customs, and their expulsion, as well as the Jews, from Spain made the public baths less used and at the same time unprofitable.

El Carillón Groupama

Desde 1993 los madrileños pueden disfrutar del Carillón Groupama, antigua Plus Ultra, que la compañía de seguros realizó como homenaje y gratitud a la ciudad de Madrid.

El carillón consta de 18 campanas, cinco figuras móviles de un metro y cuarenta centímetros de altura y un reloj, está fabricado por la compañía Holandesa Royal Eisjbouts según un diseño original de D. Antonio Mingote, y éste es el primer trabajo del académico que se realiza en tres dimensiones.

El carillón ofrece su música y sus movimientos a las 12:00 y las 20:00 horas todos los días del año para disfrute de todo aquel que lo quiera ver.

From 1993 the people from Madrid can enjoy the Carillon Groupama, the old Plus Ultra Company, that the insurance company carried out as homage and gratitude to the city of Madrid.

The carillon consists of 18 bells, five figures motives of one meter and forty centimetres high and a clock, it is manufactured by the Dutch company Royal Eisjbouts according to an original design of D. Antonio Mingote, This is the academic's first work that is carried out in three dimensions.

The carillon offers its music and its movements at 12:00 and 20:00 hours every day of the year for enjoyment of all that wants to see it.

Groupama | Seguros

La Fuente de la Alcachofa / The Artichoke's Fountain

La Fuente de la Alcachofa estaba situada originariamente en la glorieta de Atocha, la trasladaron al Retiro por problemas de deterioro y en su lugar pusieron una réplica.

La fuente la diseñó Ventura Rodríguez y fue construida en 1781, durante el reinado de Carlos III.

La alcachofa es un símbolo alquímico, simboliza que lo importante está en el interior de cada uno, así como en la alcachofa quitando sus hojas lo bueno está en el interior, en el corazón.

The Fountain of the Artichoke was located in its origin in the middle of the Glorieta de Atocha (Atocha´s circle), the city Council transferred it to the Park of the Retiro because it had problems of deterioration and in the circle they put one copy of it.

The fountain was designed by Ventura Rodríguez and it was built in 1781, during Carlos III´s reign.

The artichoke is an alchemist symbol, it symbolizes that the important thing is in the interior of everyone, as well as in the artichokes removing its leaves the good thing is in the interior, in its hearts.

Plaza de Dalí

Desde 1986 en la plaza de Dalí se encuentra esta maravillosa obra escultórica del artista catalán denominada El Dolmen de Dalí que el genial artista regaló a Madrid como agradecimiento por el homenaje póstumo que la ciudad brindó a Gala, su difunta mujer y musa, en el año 1985.

El monumento consta de un dolmen megalítico, el pedestal Gala y la figura en Bronce negro que representa a Newton paseando y sujetando una esfera que es la gravedad.

From 1986 in the Plaza de Dalí (Dali´s Square) is a wonderful sculptural Dali's work, a Dolmen, that the brilliant artist gave to Madrid as a gratefulness present for the posthumous homage that the city offered to Gala, his wife and muse, in the year 1985.

The monument consists of a megalithic dolmen, the pedestal Gala and the figure in black Brass that represents Newton going for a walk and holding a sphere.

ISIVOS DE VERANO

Hospital de la Venerable Orden Tercera de San Francisco / Hospital of the Venerable Order Third of San Francisco

El hospital que la Venerable Orden Tercera de San Francisco tiene en Madrid se comenzó a construir en 1679. Es un autentico museo de Historia del Arte y de la Medicina.

Se realizó por la necesidad de ofrecer un lugar donde curar a los hermanos y hermanas más pobres que no tenían posibilidad de costearse una cura para sus remedios. Las enfermedades que trataban, desde el tabardillo, carbuncos, hasta todo genero de granos, mal de orina...

Siempre ha sido un hospital vanguardista con los mejores y más modernos aparatos, de hecho, se distingue por ser uno de los primeros en ofrecer radioterapia.

Han conseguido superar crisis económicas, desamortizaciones, guerras civiles y de independencia manteniendo un impresionante archivo donde se pueden ver las escrituras de la compra de los terrenos, el coste de la obra, 624.000 chelines, y todos los datos de los constructores, maestros, oficiales y fontaneros que trabajaron en su ejecución, así como maravillosas obras de arte y una ambulancia antigua tirada por dos hermanos, uno de ellos el conductor o limosnero, aprovechaba los recorridos hacia el hospital para pedir limosna para el sustento del hospital.

The hospital that the Venerable Order third of San Francisco has in Madrid was built in 1679. It is an authentic History of the Art and Medicine Museum.

It carried out for the necessity of offering a place where to cure the siblings and poorest sisters that didn't have possibility to pay a cure for their remedies. The illnesses that tried, from the tabardillo (Craziness), carbuncos (anthrax), to all kind of pimple, bad of urine...

It has always been an avant-garde hospital with the best and more modern apparatuses, in fact, it is distinguished to be one of the first ones in offering radiotherapy.

They have been able to overcome economic crises, disentitlements, civil and independence wars. They keep a lot of antiques safe as an impressive archive where the documents of the purchase of the lands can be seen, the cost of the work, 624.000 chelines (old money), and all the data of the manufacturers, official and plumbers that worked in its execution, as well as wonderful works of art and an old ambulance thrown by two stretcher bearers, one of them the driver or charitable, he took advantage of the journeys to the hospital to ask a coin for charity for the sustenance of the Hospital.

Los Judios de Madrid / The Jewish of Madrid

Desde el "Edicto general sobre la expulsión de los judíos de Castilla y Aragón" con fecha del 31 de marzo de 1492 hasta la promulgación de la Constitución de 1869 en que se autorizaba la libertad de cultos, los judíos no han podido establecerse en España libremente, solamente los conversos pudieron continuar aquí, limitándose el enriquecimiento cultural de la sociedad en general.

El judío madrileño actual regresa a Madrid casi siempre por motivos de las guerras o por ser constantemente perseguidos, desde las dos grandes guerras, el auge del nazismo o la independencia de Marruecos en el año 1956, o por las dictaduras sudamericanas de los años 70. Por lo que se puede hablar de diferentes grupos de judíos, el centroeuropeo, el hispanoamericano o el marroquí, con sus diferencias y matices a la hora de realizar sus ritos sociales y religiosos.

La sinagoga del Barrio de Chamberí se construyó en el año 1968.

La colonia judía en la actualidad se estima en alrededor de 11.000 personas.

From the "general Ban on the expulsion of the Jews from Castilla and Aragon" dated the 31th of march of 1492 until the promulgation of the constitution of 1869 in which the freedom of cults were authorized, the Jews had not been able to settle down freely in Spain, only the converted ones could continue here. Limiting the cultural enrichment of the society in general.

The current Jew returned to Madrid for reasons of the wars or to be constantly pursued, from the two world wars, the peak of the nazism or the independence of Morocco in the year 1956, or for the South American dictatorships during the 70´s. Because of those reasons one can say there are different groups of Jews, the Central European, the Spanish American or the Moroccan, with their differences when they do their social and religious rites.

The synagogue of the Neighbourhood of Chamberí was built in the year 1968.

The Jewish colony at the present time is considered in around 11.000 people.

דע לפני מי אתה עומד

La Torre Picasso / The Picasso Tower

La Torre Picasso fue diseñada por el arquitecto Minoru Yamasaki, el mismo que diseño el World Trade Center de Nueva York.

Inaugurada en 1988, fue el símbolo del centro financiero y empresarial de Madrid durante varios años. En 2007 dejó de ser el edificio más alto de Madrid (157 m.) para pasar el testigo a los rascacielos de la nueva área de negocios de lo que era la Ciudad Deportiva del Real Madrid.

The Picasso Tower was designed by the architect Minoru Yamasaki, the same one that design the World Trade Center of New York.

Inaugurated in 1988, it was the symbol of the financial and bussines center of Madrid during several years. In 2007 it lost the record of height, it was not the highest building in Madrid anymore (157 m.) to pass the witness to the sky-scrapers of the new area of business of what the sport City of the Real Madrid was.

Los Gatos Madrileños / The Madrileños' Cats

Cuando Madrid era una ciudad musulmana y estaba rodeada de una muralla, las tropas de Alfonso VI intentaban cruzarla para reconquistar la ciudad. Un ágil soldado trepó por las piedras tan sigiloso que los propios guardianes le confundieron con un gato. Desde entonces a los madrileños se nos conoce como Gatos.

When Madrid was a Muslim city and it was surrounded of a wall, Alfonso VI 's troops tried to cross it to reconquer the city. An agile soldier climbed for the stones so secret that the own guardians confused him with a cat. From then on to the people from Madrid we are known as Gatos (Cats).

El Pozo del Milagro de San Isidro / The Well of the San Isidro's Miracle

Cuenta la leyenda que estando de niño San Illán, el hijo de San Isidro y Santa María de la Cabeza, jugando cerca de un pozo de 25 metros de hondo, se cayó en él. San Isidro, al percatarse de lo ocurrido, se puso a rezar y a suplicar a Dios para que intercediera y le salvase. Así fue como las aguas comenzaron a crecer y pudo salir el niño sano y salvo. Obrándose el milagro del pozo de San Isidro.

As the legend says being the little child San Illán, the San Isidro and Santa María of the Cabeza´s son, playing near a 25 meters deep well, he fell down in it. San Isidro when noticing of what happened began to pray and to beg to God so that He interceded and saved the child. The waters began to grow and the boy could leave safe. Done the miracle of the San Isidro´s well.

La Fuente de Apolo / The Apollo's Fountain

Carlos III encargó a Ventura Rodríguez, para situarlas en el eje del Paseo del Prado, la representación en 4 fuentes de temas mitológicos los 4 elementos: Aire, tierra, agua y fuego.

Se dedicó la tierra a la diosa Cibeles; el aire a Apolo; el agua a Neptuno... pero el proyecto no se pudo acabar y quedó pendiente el elemento fuego.

Con el tiempo, curiosamente, el elemento fuego está presente justo en frente de la estatua de Apolo, aunque no como personaje mitológico, pero si con la llama que nunca se apaga de la Tumba del Soldado Desconocido en la Plaza de la Lealtad.

La estatua de Apolo es de las más bellas que se realizó para este proyecto. La figura estilizada, la bella cara y las proporciones perfectas hacen de esta escultura la bella desconocida de las tres que se terminaron.

Carlos III Order to Ventura Rodríguez, to locate all the way long the Paseo del Prado, the representation in 4 mythological topics fountains of the 4 elements: Air, earth, water and fire.

Earth was represented to the goddess Cibeles; the air to Apollo; the water to Neptuno... but the project could not finish and It was pending the element fire.

With the time, surprisingly, the element fire is present exactly in front of Apollo's fountain, although It was not a mythological character, but with the never put out flame of the Unknown Soldier's Tomb in the Plaza de la Lealtad (Loyalty´s Square).

Apollo's statue is the most beautiful one done for this project. The stylized figure, the beautiful face and the perfect proportions make of this sculpture the unknown beautiful of three they ended.

La Iglesia de San Antonio de los Alemanes / San Antonio of the Germans' Church

Esta iglesia hospital dedicada a San Antonio de Padua, fue fundada por Felipe III en el año 1606, para uso de los portugueses que se hallaban en Madrid. Se conocía como San Antonio de los Portugueses. Cuando Portugal se independizó de España quedó abandonada hasta que, en 1689, Mariana de Austria la ofrece al séquito de alemanes que acompañaba a quien debía contraer matrimonio con Carlos II, Mariana de Neoburgo. Desde entonces se conoce como la iglesia de San Antonio de los Alemanes.

This hospital church dedicated to San Antonio of Padua, it was founded by Felipe III in the year 1606, for exclusive use of the Portuguese who lived in Madrid. When Portugal became independent of Spain it was abandoned until 1689 when Mariana of Austria offers it to the retinue of Germans that accompanies to who should get married with Carlos II, Mariana of Neoburgo. From then on it is known as the church of San Antonio of the Germans.

La Mezquita / The Mosque

El Centro Cultural Islámico de Madrid se construyó en 1992 con una donación del Rey Fahd de Arabia Saudita. El proyecto costó 20 millones de dólares.

El centro está dedicado a la divulgación de la cultura islámica, y además de la Mezquita inspirada en la de Córdoba con arcos de medio punto, tiene una fuente típica andaluza en el patio central, una escuela coránica, varios salones que albergan actos como conferencias, exposiciones, etc. y un maravilloso restaurante donde se puede degustar la comida típica de diferentes países musulmanes.

Acercarse al Centro es una buena forma de conocer una cultura que, no olvidemos, fundó la ciudad de Madrid en el siglo IX a la que le debemos mucho de lo que hoy somos.

The Islamic Cultural Center of Madrid was built in 1992 with the King Fahd of Saudi Arabia´s donation. The project cost 20 million dollars.

The center is dedicated to the popularization of the Islamic culture, and besides the Mosque inspired in the Cordoba´s Mosque with arches of half point, it has a typical Andalusian fountain in the central yard, a school of Koran, several living rooms where they organize acts like conferences, exhibitions, etc. and a wonderful restaurant where one can enjoy eating the typical food from different Muslim countries.

Going to the Center is a good way of knowing a culture that, we must not forget, it founded the city of Madrid in the 9th century and we owe it much of what today is.

Chulapos

A los castizos se nos conoce con el nombre de Manolos y Manolas. Está denominación procede de Lavapiés, porque cuando los judíos se tuvieron que convertir al catolicismo en 1492 para evitar ser expulsados, muchos se bautizaron con el nombre de Manuel. Los Manolos eran rivales de los Chulapos y chulapas, que procedían del barrio de Chamberí, del distrito de Malasaña.

Hoy se utilizan las dos formas, Chulapos o Manolos, para definir al madrileño vestido con el traje tradicional.

The castizos are known by the nickname of Manolos and Manolas. This denomination came from Lavapiés, because when the Jews had to become to the Catholicism in 1942 to avoid to be expelled, many of them were baptized with the name of Manuel. The Manolos was rivals of the Chulapos and chulapas that came from the district of Malasaña, from the neighbourhood of Chamberí.

Today the two forms, Manolos or Chulapos, are used to define the people from Madrid who dress the traditional suit.

Plaza de los Carros

La Plaza de los Carros se llama así porque tiempo atrás, cuando se accedía por diferentes puertas a un Madrid amurallado, este era el lugar donde los comerciantes dejaban los carros y, en la vecina Plaza de la Paja, los animales comían y descansaban.

The Plaza de los Carros (square of the wagons tracked by animals, either caws or horses), It is named this way because time behind, when one had to cross different doors to get inside a walled Madrid, this it was the place where the merchants left the cars and in the neighbouring Plaza de la Paja (square of the straw) the animals ate and rested.

Pastelería El Riojano / El Riojano Pastry Shop

Esta pastelería fue fundada en 1855 por D. Dámaso de la Maza, un pastelero riojano que trabajaba para la Reina Regente María Cristina, Madre de Alfonso XII.

El mostrador es el original de la época, se realizó en mármol, caoba y bronce por ebanistas de la Casa Real. Fue hecho a medida en el interior del local para que nunca pudiera salir entero por la puerta.

Cuando Alfonso XII era un niño y tenía que asistir todos los jueves al Consejo de Estado le llevaban una caja de pastas de limón, conocidas ahora como Pastas del Consejo, para que se entretuviese en las largas y aburridas jornadas políticas que tenía que presidir.

Aparte de por sus pastas El Riojano es famoso por elaborar unos azucarillos muy buenos para facilitar la digestión y unas soletillas que alivian el dolor de garganta. También son muy buenos sus merengues.

This pastry shop was founded in 1855 by D. Dámaso de la Maza, a riojano pastrycook who worked for the Governs Queen María Cristina, Mother of Alfonso XII.

The counter is the original, It was made in marble, mahogany and brass for cabinetmakers of the Royal House. It was made as long as it is inside the local so that it could never leave entirely through the door.

When Alfonso XII was a child and he had to attend every Thursday to the Council of State they took him a box of pasta de limón (lemon cookies), known now like Pastas of the Council, so he could stand on the long and boring political days that he had to preside over.

Apart of their pastas The Riojano is famous to elaborate some very good azucarillos (sugar lumps) to facilitate the digestion and some soletillas that alleviate the throat pain. They make also very good merengues (meringues).

En la Iglesia de San Ginés / In San Gines' Church

Cuenta la leyenda que Alonso de Montalbán, hombre de confianza de los Reyes Católicos, fue como comisionado a la recién descubierta América. Tras pasar unos años con su familia en el nuevo continente, regresaron a la llamada de los Reyes para ocupar un nuevo puesto en la Villa y Corte. En el viaje de regreso tuvieron un altercado en alta mar por lo que decidieron refugiarse en una isla. Estaba la familia aún asustada por la travesía, cuando de la oscuridad oyen lo que es el llanto de lo que creen un niño. Se acerca la esposa al lugar y al mover unas hojas descubre un enorme cocodrilo que moviéndose muy veloz parece que se la va a comer. La señora implora a la Virgen, y en una respuesta más rápida que el movimiento del enorme animal, se parte milagrosamente un árbol que cae encima del saurio, matándolo al instante. En el tronco ven la imagen de lo que parece una Virgen, a la cual nombran de los Remedios. El cocodrilo es llevado a Madrid donde lo depositan en el altar de la iglesia de San Gines, como ofrenda por salvar sus vidas.

According to the legend Alonso of Montalbán, man of trust of the Catholics Queen and King, was sent as commissioner to the recently discovered America. After some years living with his family in the new continent, they returned to the King and Queen' called to occupy a new position in the Villa and Court. In their way back trip they had an altercation in high sea for what they decided to take refuge in an island. The family was still afraid for the voyage, when from the darkness they heard what they though it was the cry of a child. The wife went closer to the place and when she moved some leaves she discovered an enormous crocodile that moving very speedy It seemed that it would eat her. She implores and pray to the virgin, and in a quicker answer than the enormous animal movement, a tree felt above the saurian one, miraculously killing it at once. In the trunk they could see the image from what seems a virgin, the called Lady of the Remedies. The crocodile was taken to Madrid where they deposit it in the altar of the San Gines´ church, as offering to save their lives.

D. FELIX LOPE D VEGA CARPIO

La Leyenda de la Hija del Dr. Velasco / The Dr. Velasco's Daughter's Legend

El Dr. Velasco, personaje un tanto excéntrico, fue el creador del Museo Antropológico. Tenía una hija que, a punto de casarse, murió de tuberculosis. El Doctor quedó muy triste, por lo que decidió embalsamar el cuerpo de su hija. Lo tenía guardado en el museo y cuentan que alguna noche que otra el novio de la difunta junto con el médico la sacaban a dar un paseo en un coche de caballos.

Jesús Callejo cuenta en su libro "Un Madrid Insólito" que el cadáver embalsamado de la hija del Dr. Velasco se encuentra en la actualidad en la Cátedra de Anatomía de la Facultad de Medicina de la Universidad Complutense.

The Dr. Velasco, a character so much eccentric, was the Anthropological Museum founder. He had a daughter who died from Tuberculosis time before her wedding. The specialist was very sad and upset, for what decided to embalm his daughter's body. He had it kept in the museum and the legend says that some nights the boyfriend and the Doctor took out the deceased body to go for a ride in the car of horses.

Jesus Callejo counts in its book Un Madrid Insolito (An Unusual Madrid) that the embalmed cadaver of the Dr. Velasco's daughter is at the present time in the Class of Anatomy of the University of Medicine of the Universdad Complutense (Complutense University).

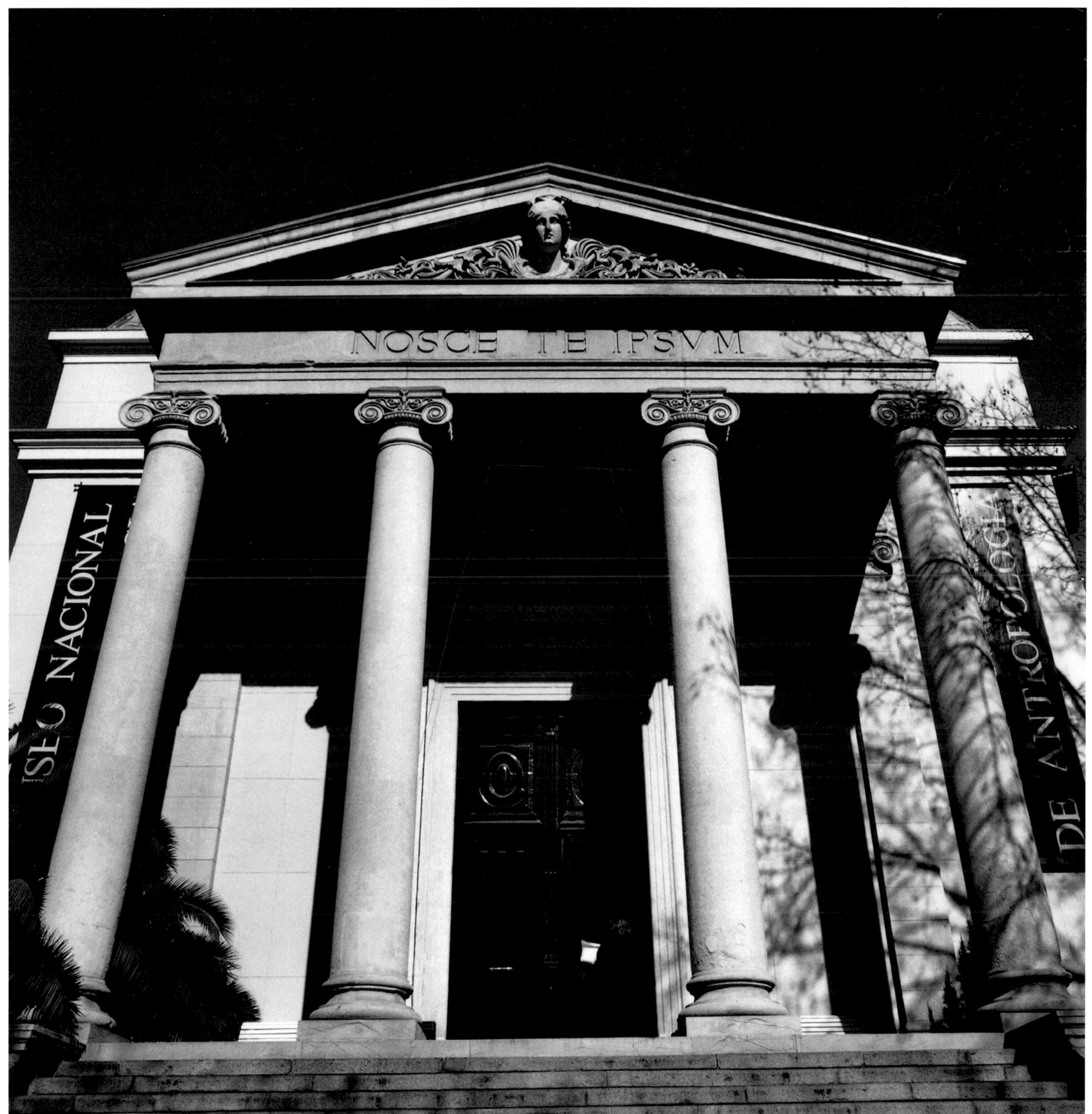
NOSCE TE IPSVM
SEO NACIONAL
DE ANTROPOLOG

Casas a la Malicia / Houses to the Malice

Cuando Felipe II quiso traer la corte a Madrid, se vio con el problema de alojar a su séquito y a otros nobles, embajadores, etc. que probablemente tendrían que venir para hacer diferentes trámites a la capital. Creó una carga llamada Regalía de Aposento, por la cual obligaba a todos los ciudadanos que tuvieran una casa con más de un piso a ceder aposento a todo miembro de la corte que lo necesitara, sin importar cual larga fuere la estancia, algunos podían estar meses. El madrileño entonces comenzó a edificar lo que se conocía como "Casas a la malicia", consistía en construir casas de dos pisos pero que desde fuera aparentará tener solo uno, o hacer ver que el primer piso era establo y el segundo vivienda, para poder evitar dicha carga.

When Felipe II wanted to bring the court to Madrid, he found himself with the problem of housing to their retinue and other noblemen, ambassadors, etc. that they would probably have to come to make different processes to the court. He created a load called "Regalía de Aposento" (Bonus of Rooms), for which forced all the citizens that they had a house with more than a floor to give room to all member of the court that needed it, without caring which long the stay, some could stay for months. The people from Madrid began to build what it was known as "Casas a la Malicia" (Houses to the Malice), consisted on building houses of two floors but it looked like one, or to make see that the first floor was stable and the second housing, to be able to avoid this load.

Restaurante Las Tres Farolas

La Casa de Lope de Vega / Lope de Vega's House

La casa de Lope de Vega está situada el Barrio de las Letras. Se encuentra prácticamente igual a como el escritor la disfrutó y es una visita muy interesante para ver como vivía nuestro genio, Ave Fénix de la literatura, además de cómo eran las viviendas de Madrid en el Siglo de Oro.

Curiosamente la casa está en la calle de Cervantes, y Cervantes está enterrado en el Convento de la Trinitarias en la calle Lope de Vega.

Lope de Vega´s house is located at the Neighbourhood of the Letters. It is practically the same as he enjoy it and it is a very interesting visit to see the way our genius, Ave Phoenix of the literature, lived, and the way the housings of Madrid were in the Siglo de Oro (Century of Gold).

Surprisingly the house is in the street of Cervantes, and Cervantes it is buried in the Convent of the Trinitarian ones in the street called Lope de Vega.

Los Leones del Congreso / The Lions of the Congres

Los leones que flanquean la entrada del edificio del congreso están realizados con el bronce fundido de los cañones que las tropas de O´Donnell y Prim capturaron al enemigo durante la guerra en el Norte de África en 1860. A los leones se les puso los nombres de Daoíz y Velarde, como los valerosos héroes del 2 de mayo.

La curiosidad de los leones es que no hubo material suficiente para hacer los dos animales completos, así que al fundirlos decidieron dejar a uno de ellos sin la parte más noble pero menos visible, lo cual a llevado a más de uno a plantearse si los dos son leones, león y leona, o si uno estaba castrado. Pero en lo que no hay duda es en la melena que ambos lucen. Ni castrado, ni hembra. Son dos bravos leones.

The lions that flank the entrance of the building of the congress were carried out with the fused brass of the canyons that the troops of O´Donnell and Prim captured the enemy during the war in North Africa in 1860. The lions have the names of Daboíz and Velarde, as the valiant heroes of May 2.

The curiosity of the lions is that there was not enough material to make the two complete animals, so when fusing them they decided to leave one of them without the noblest but less visible part, because of that more than one argument had been taken thinking about if both are lions, lion and lioness, or if one was castrated. But in what there is not doubt it is in the hair that both have. Neither castrated, neither female. They are two brave lions.

Bibliografía y documentación / Bibliography and documentation

Libros / Books:

- Amalia Fernández y Miryam Romero: *Relatos del Viejo Madrid, Leyendas de la A a la Z*. Ediciones La Librería, Madrid, 1997.
- Reyes García, Ana Mª Écija, Benjamín Larrea: *El Ayer de Madrid, El Madrid de Hoy*. Ediciones La Librería, Madrid, 1995
- Reyes García / Ana Mª Écija: *Leyendas de Madrid, Mentidero de la Villa*. 2ª Edición. Madrid de bolsillo, Ediciones La Librería, Madrid, 1995.
- Ángel del Río López: *Duendes, Fantasmas y Casa Encantadas de Madrid*. 2ª Edición. Madrid de bolsillo, Ediciones La Librería, Madrid, 1995.
- Ángel del Río López: *El Madrid Fantástico. Milagros, Supersticiones, Prodigios*. Ediciones La Librería- Avapiés Madrid, 2006.
- María Isabel Gea Ortigas: *Curiosidades y Anécdotas de Madrid*. 3ª Edición. Madrid de bolsillo, Ediciones La Librería, Madrid, 1995.
- María Isabel Gea Ortigas: *Curiosidades y Anécdotas de Madrid, 2ª Parte*. Madrid de bolsillo, Ediciones La Librería, Madrid, 1996.
- María Isabel Gea Ortigas: *Los Porqués de Madrid*. Ediciones La Librería, Madrid, 2005.
- Pedro López Carcelén: *Atlas Ilustrado de la historia de Madrid*. Ediciones La Librería, Madrid, 2004.
- Francisco Azorín: *Leyendas y Anécdotas del viejo Madrid*. 7ª edición. Editorial El Avapiés S.A., Madrid, 1992.
- Francisco Azorín: *Leyendas y Anécdotas del viejo Madrid, 2ª Parte*. 3ª edición. Editorial El Avapiés S.A., Madrid, 1993.
- Francisco Azorín: *Leyendas y Anécdotas del viejo Madrid, 3ª Parte y final de la trilogía*. Editorial El Avapiés S.A., Madrid, 1998.
- Pedro F. García Gutiérrez y Agustín F. Martínez Carbajo: *Iglesias de Madrid, volumen especial*. 2ª Edición. Editorial El Avapiés S.A., Madrid, 1994.
- José Mª de Mena: *Leyendas y Misterios de Madrid*. 14ª edición. Plaza y Janes Editores S.A. Barcelona, 1996.
- Jesús Callejo: *Un Madrid Insólito, Guía Para Dejarse Sorprender*. Editorial complutense S.A. Madrid, 1997.
- Clara Tahoces: *Guía del Madrid Mágico*. Ediciones Martínez Roca S.A. Barcelona, 1998.
- Olga Gallego: *Leyendas del Madrid Macabro y Sangriento*. Roger Editor. San Sebastián, 1998.
- Pedro de Répide: *Las Calles de Madrid*. Ediciones La Librería, Madrid, 1995.
- Juan Antonio Cabezas: *Diccionario de Madrid, Las Calles, Sus Nombres, historia, y Ambiente*. Editorial El Avapiés S.A., Madrid, 1989.

- José Mª Guelbenzu y Ramón Manent: *Ver Madrid*. Ediciones Destino S.A. Barcelona, 1991.
- VVAA: *Las Guías Visuales de España*, Madrid. Edición de 2000
- VVAA: *Crónica de Madrid*. Plaza y Janes Editores S.A. Edición Especial para Diario 16. Barcelona, 1991
- VVAA: *Madrid, Turístico y cultural*. Prensa Española, ABC y Blanco y Negro, Madrid, 1998.
- VVAA: *Madrid, Ayer y Hoy*. Prensa Española, ABC y Blanco y Negro, Madrid, 1998.
- VVAA: *Madrid: Su Historia, Sus Gentes, Sus Pueblos (5 volumenes)*. Espasa Calpe S.A. Madrid, 1998.

Revistas / Magazines:

- Condé Nast Traveler: *nº 29 Madrid*. Edición 05/06. Ediciones Condé Nast S.A. Madrid, 2004.
- Península España y Portugal a fondo: Nº 8, Diciembre 98.
- GEO, Una nueva visión del Mundo. Nº 157. Febrero 2000
- GEO, Una nueva visión del Mundo. Nº 229. 2006
- ABC, Número Especial 3 de mayo de 1999. Madrid Foro de Culturas.
- MADRID DE CAPA Y ESPADA (Artículo publicado en el suplemento "El País Semanal" el 9 de noviembre de 2003)

Páginas Web / Websites:

http://www.descubremadrid.com/
http://www.madridamano.com/historia/
http://www.madridoculto.net
http://www.esmadrid.com
http://www.munimadrid.es
http://www.madridiario.es
http://www.revistaiberica.com
http://www.madridhistorico.com/
http://www.ejepeatonal.com
http://www.softguides.com
http://www.rinconesdemadrid.com
http://www.fotomadrid.com
http://www.carpetaniamadrid.com
http://www.mcu.es/jsp/plantilla_wai.jsp?id=75&area=cine
http://cvc.cervantes.es/portada.htm
http://www.nova.es/~jlb/mad_es03.htm
http://www.congregacionsanisidro.org/madrid.htm
http://www.todoleyendas.com/leyendas/Ciencia/Madrid_ciudad_talismanica.php
http://www.guiarte.com/madrid/
http://elmadridmedieval.jmcastellanos.com/
http://www.webmadrid.com/guia/historia/welcome.asp

http://es.viajes.yahoo.com/p-guia_viaje-1194522-parque_de_tierno_galvan_madrid-i
http://www.actosdeamor.com/parquetiernogalvan.htm
http://www.amigosdelromanico.org
http://www.arteguias.com/romanico_museo.htm
http://www.visitarb.com
http://www.ugr.es/~pwlac/G15_05Oscar_Camargo_Crespo.html
http://www.comjudiamadrid.org
http://www.madridconventioncentre.com/index.htm
http://www.ccislamico.com/
http://www.madridcastizo.com/
http://www.madridguias.com/tour3.php
http://www.ucm.es/info/hcontemp/madrid/paseo%20prado.htm
http://www.ucm.es/info/gma/PalacioCristal.html
http://www.viajar.com/reportajes/$f=227469
http://www.abcserrano.com/portal/corporativo/historia.htm
http://www.asambleamadrid.es/AsambleaDeMadrid/ES
http://www.medinamayrit.com/
http://www.sesena.com/esp/present.htm
http://www.actosdeamor.com/cineimax.htm
http://www.nones.es/act/desact.asp?id=174
http://www.las-ventas.com/
http://es.wikipedia.org/wiki/Portada
http://ejepeatonal.com/article213.html
http://perso.wanadoo.es/villaycoche/index52.htm

Otras / Others:

Programa de Visitas guiadas **Descubre Madrid:**

- La Casa de la Villa
- Madrid Medieval
- Velásquez y el Palacio del buen Retiro
- Conventos Madrileños
- El Madrid de Cervantes
- Tabernas y Comercios Tradicionales
- Madrid de los Austrias
- Madrid Moderno
- Leyendas del Viejo Madrid
- Madrid de los Borbones

Patronato de Turismo del Ayuntamiento de Madrid
www.esmadrid.com

Agradecimientos / Acknowledgments

Gracias:
Thanks:

Por hacer su trabajo como siempre, como grandes profesionales y mucho corazón
For their work, as usual, as a big professionals with big hearts.

José Luis Cano, Fotosíntesis Laboratorio Foto Digital
Laboratorio Blanco y Negro Antonio Navarro, Fotosíntesis

Por facilitarme mi labor fotográfica, permitiéndome el acceso a sus locales o dejarse retratar:
For make my work easy and let me in, in their different places or let me take a pictures of them:

Observatorio Astronómico Nacional, Ministerio de Fomento
Las Cuevas de Luis Candelas.
Monjas de clausura de la Orden de las Trinitarias
Monasterio de Corpus Christi - Las Carboneras
Plaza de Toros de las Ventas- Taurovent-
Museo de San Isidro- Ayuntamiento de Madrid
Casa Museo Lope de Vega
Asamblea de Madrid
Venerable Orden Tercera de San Francisco
Centro Judío de Madrid
Medina Mayrit
Iglesia de San Sebastián
Centro Cultural Islámico
Capas Seseña
Pastelería El Riojano
Agrupación de Madrileños y Amigos "Los Castizos"
Ángel Mauri Santiuste, Barquillero

Por enseñarme un poco más de Madrid a través de los diferentes Tours de Descubre Madrid
For show me a little bit more about Madrid through the tours Discover Madrid

Patronato de Turismo del Ayuntamiento de Madrid

Biografía del Autor / Author's Biography

Jose Mª Escudero Ramos es fotógrafo desde 1989.

Estudió fotografía en el Centro de Estudios de la Imagen en Madrid y en el International Center of Photography en la ciudad de Nueva York.

Compagina sus colaboraciones con revistas de Cine con otro tipo de clientes de fotografía industrial, inmobiliaria y editoriales de libros de texto.

En 1995 ganó el concurso nacional Imágenes Jóvenes organizado por el Injuve.

Su trayectoria en la fotografía nos da un punto de vida muy personal de la ciudad. Como un cliente suyo afirmaba las fotografías de Jose hacen que las señales cobren vida propia.

La magia de la fotografía en blanco y negro hace de este trabajo una recuperación de la memoria histórica de Madrid, así como un enfoque de la ciudad que nos rodea, una ciudad única que nos enamora y cautiva en todos sus rincones.

Jose Mª Escudero Ramos is a photographer since 1989.

He studied photography in the Centro de Estudios de la Imagen in Madrid and the International Center of Photography in New York City.

He collaborates with cinema magazines and editorials of text books for students and several kind of clients about editorial, industrial and real estate photography.

In 1995 He won the national Price Imágenes Jovenes (Young Images) organized by the Injuve.

His trajectory in the photography gives us a new very personal point of view of the city. As one of his clients affirmed Jose's pictures make that a simple signs charge own life.

The magic of the picture in white and black makes of this work a recovery of the historical memory of Madrid, as well as we have a new focus of the city that surrounds us, by the way, a city unique that makes us fall in love with it and captures us in all its corners.

Índice y direcciones / Index and address

Dedicatoria / Dedication.....5
Introducción / Introduction.....7
La Leyenda del Príncipe Bianor / The Prince Bianor's Legend.....10
Alrededores de Madrid / All around Madrid
Capas Seseña / Layers Seseña.....12
Calle Cruz, 23
La Calle del Toro.....14
Zona Austrias / Austurias´ zone
Las Huellas del Viejo Tranvía / The Marks of the Old Streetcar.....16
Av. Arco de la Victoria junto al Faro de Moncloa
Trashumancia / Transhumance.....18
Habitualmente es desde la Casa de Campo hasta la Puerta de Alcalá.
Un domingo de noviembre / Habitually it is from the Casa de Campo to the
Puerta de Alcalá. A Sunday of November
La Asamblea de Madrid / The Madrid Assembly.....20
Plaza de la Asamblea de Madrid, 1
La Antigua Redacción de ABC / The old ABC Newspaper Headquarter's Building.....22
Calle de Serrano, 41
La Cuesta de los Ciegos / The Blind Men Hill.....24
Cuesta de los ciegos / Sale de la Calle Segovia
La Muralla árabe / The Arab Wall.....26
Parque del Emir Mohamed I
El Blasón Medieval de Madrid / The Medieval Heraldry of Madrid.....28
Plaza de Puerta Cerrada
Sicarios a Sueldo / Assassins to Salary.....30
Calle Ciudad Rodrigo
El Atentado a Alfonso XIII / The Terrorist Attack to Alfonso XIII.....32
Calle Mayor 84
La Iglesia de San Sebastián / San Sebastian's Church.....34
Calle de Atocha, 39
La Casa de Cervantes / Cervantes' House.....36
Calle de Cervantes, 2

Símbolos en algunas Casas Antiguas / Symbols in Some Old Houses 38
Por el Madrid de los Austrias, en varias casas / Around Madrid of the Austrias, in several houses

La casa del Pez / The house of the Fish 40
Calle del Pez, 20

El Ángel Caído / The Angel Fallen 42
Glorieta del Ángel Caído, Parque de El Retiro

El Muro en el Parque de Berlín / The Wall in the Parque de Berlín 44
Parque de Berlín, entrando por la plaza de la Virgen Guadalupana / Parque de Berlín from the plaza of the Virgen Guadalupana

La Imprenta del Primer Quijote / The El Quijote´s First Edition's Printing 46
C/ Atocha, 87

Parque de Enrique Tierno Galván 48
En el Cerro de la Plata. Avda del Planetario s/n. Arganzuela

La Casita del Pescador 50
Parque de El Retiro

IMAX 52
C/ Meneses, s/n.

La Plaza del 2 de Mayo 54
Plaza del dos de Mayo. Barrio de Malasaña

La Plaza Mayor y el 2 de Mayo / Plaza Mayor and the 2nd of May 56
Calle del 7 de julio.

La Monumental de Las Ventas / The Monumental of Las Ventas 58
Calle de Alcalá, 239

La Virgen del Silencio / Our Lady of the Silence 60
Iglesia de San Sebastian, Calle de Atocha, 39

El Palacio de Congresos de Madrid / Madrid Convention Center 62
Paseo de la Castellana, 99

La Corrala de la Calle Sombrerete / The Corrala of the Calle Sombrerete 64
La Corrala está en la Calle Sombrerete y la calle Mesón de Paredes

Luís Candelas 66
Cuchilleros, 1

EL Palacio de Santa Cruz / The Santa Cruz' Palace 68
Plaza de la Provincia, 1

El Concejo de la Villa / The Old City Council 70
Calle Mayor, 70

Monumento al Descubrimiento de América / Monument to the Discovery of America 72
Jardines del Descubriendo, Plaza de colón

El Barquillero / The Barquillero 74
Por la Plaza de Oriente, frente al Palacio o la Catedral / Around Plaza de Oriente

Teatro Valle Inclán / Valle Inclán Theatre........76
Plaza de Lavapies s/n
El Edificio Mirador / The Mirador Building........78
Calle de la Princesa de Eboli en Sanchinarro
La Catedral de la Almudena / The Almudena's Cathedral........80
Plaza de la Armería esquina Calle de Bailén
La Altura de Madrid Sobre el Nivel del Mar / The Height of Madrid From the Level of the Sea........82
Plaza de la Villa 4
Ruinas de la Iglesia de Santa María de la Almudena / Ruins of Santa María of the Almudena's Church........84
Calle de la Almudena esquina calle Mayor
El Ángel Custodio / The Custodian Angel........86
Plaza de la Provincia, 1
Los Ascensores en el Viaducto / The Elevators in the Viaduct........88
Bajando por la Calle Bailén por el 21 / Down Calle Bailén around the 21st
Calle de Madrid........90
Entre la Plaza de la Villa y la Calle Sacramento
Los Canales en El Retiro / The Canals in El Retiro........92
Parque del Retiro
Estatua de Orfeo / The Orpheus Statue........94
Plaza de la Provincia
El Madroño Más Antiguo / The Oldest Arbutus........96
Plaza de la Lealtad, frenta al Hotel Ritz
Plaza de la Cruz Verde........98
Plaza de la Cruz Verde
Una Plaza Sin Nombre / A Square Without Name........100
Calle de Madrid
El Estanque del Parque de El Retiro / The Pond of the Parque de El Retiro........102
Parque de El Retiro
Plaza de la Lealtad........104
Plaza de la Lealtad
Fantasmas en la Calle de la Cruz Verde / Ghosts in the Calle de la Cruz Verde........106
Calle de la Cruz Verde
El edificio más estrecho / The Most Narrow Building........108
Calle Mayor, 57
La Casa de Calderón de la Barca / The Calderon de la Barca´s House........110
Calle Mayor, 61
El Ahuehuete........112
El Parterre en el Parque de El Retiro

El Palacio de Cristal en el Parque de El Retiro /
The Palacio de Cristal (Glass Palace) in the Parque de El Retiro 114
Parque de El Retiro
La Maldición del Moro Kas / The Moor Kas´ Curse 116
Vista de Vallecas desde el cerro de la Plata, Parque de Tierno Galván
Puerta de Europa / Door of Europe 118
Plaza de Castilla
Las Casas con Pisos Añadidos / The Added Floors Houses 120
Varias casas en Madrid / Several houses in Madrid
Calle de Gonzalo de Cordoba, 16 and calle de Cardenal Cisneros
Escuelas Pías de San Fernando / San Fernando's Pious Schools 122
Calle de Tribulete, 14
El Corral de Comedias 124
En la intersección de las Calles de la Cruz, Álvarez Gato y Espoz y Mina
Cervantes y la Orden de las Trinitarias / Cervantes and the Order of the Trinitarian 126
Calle de Lope de Vega, 18
La Virgen del Arco / The Lady of the Arc 128
Sacristía de la Capilla del Cristo de los Dolores de la V.O.T. en la calle San Buenaventura, 1
Baños Árabes / Arabs Baths 130
Medina Mayrit C/Atocha, 14
El Carillón Groupama 132
Plaza de las Cortes
Fuente de la Alcachofa / The Artichoke's Fountain 134
Parque de El Retiro
Plaza de Dalí 136
Plaza de Dalí
Hospital de la Venerable Orden Tercera de San Francisco /
The Hospital of the Venerable Order Third of San Francisco 138
Calle San Bernabé, 13
Los Judíos de Madrid / The Jewish of Madrid 140
Calle Balmes, 3. Chamberí
La Torre Picasso / The Picasso Tower 142
Plaza de Pablo Ruiz Picasso
Los Gatos Madrileños / The Madrileños´Cats 144
Muralla árabe al lado del Senado en la Calle Bailen 3-5 /
Piece of the Arab wall nest to the Senate building Calle Bailen 3-5
El Pozo del Milagro de San Isidro / The Well of the San Isidro's Miracle 146
Museo de San Isidro en Plaza de San Andrés, 2
La Fuente de Apolo / The Apollo´s Fountain 148
Paseo del Prado, frente al edificio de La Bolsa

La Iglesia de San Antonio de los Alemanes / San Antonio of the Germans' Church....................................150
Corredera Baja San Pablo, 16
La Mezquita / The Mosque....................................152
Calle de Salvador de Madariaga, 4
Chulapos....................................154
Se ven durante las fiestas castizas de Madrid, San Isidro
15 de Mayo y La Paloma, 15 de Agosto / One can see them during the most
popular Street fairs in Madrid, San Isidro el 15 de may, La Paloma, 15 of august
Plaza de los Carros....................................156
Plaza de los Carros. Barrio de la Latina
Pastelería EL Riojano / El Riojano Pastry Shop....................................158
Calle Mayor, 10
En la Iglesia de San Ginés / In San Gines' Church....................................160
Calle Arenal, 13
La Leyenda de la Hija del Dr. Velasco / The Dr. Velasco´s Daughter's Legend....................................162
Museo de Antropología. Calle Alfonso XII, 68
Casas a la Malicia / Houses to the Malice....................................164
Calle Segovia esquina calle del Royo
La Casa de Lope de Vega / Lope de Vega´s House....................................166
Calle de Cervantes, 11
Los Leones del Congreso / The Lions of the Congreso....................................168
Plaza de las Cortes, 1
Bibliografía y documentación / Bibliography and documentation....................................171
Agradecimientos / Acknowledgments....................................175
Biografía del autor / Author's Biography....................................177
Índice y direcciones / Index and address....................................179

Si desea dar su opinión o cualquier otro comentario sobre este libro, siéntase libre de hacerlo en la siguiente dirección de correo electrónico.

If you wish to give me your opinion or any other commentary about this book, please feel free to contact me in the following email address

leyendas@escuderoramos.com